나라의 자랑
국보이야기

〈나라의 자랑 국보이야기〉는
초등학교 교과서의 이런 단원과 관련이 깊어요.

📖 4학년 1학기 국어
5. 알아보고 떠나요 〈서울의 궁궐〉

📖 5학년 2학기 국어
5. 우리가 사는 세상
  〈불심과 용기로 완성한 팔만대장경〉

📖 3학년 1학기 사회
3. 고장의 생활과 변화
  (4) 고장의 문화유산

📖 5학년 1학기 사회
2. 다양한 문화를 꽃피운 고려
  (3) 불교의 영향과 고려 사람들
  (5) 고려의 과학과 기술
3. 유교 전통이 자리 잡은 조선
  (2) 조선의 문화와 과학의 발달
  (4) 조선 시대 사람들의 생활
  (5) 임진왜란과 병자호란

📖 5학년 미술
12. 우리나라와 다른 나라 미술

📖 6학년 미술
6. 여러 나라의 민속 공예

📖 2학년 2학기 바른생활
3. 아름다운 우리나라

오십 빛깔 우리 것 우리 얘기 ⑬

나라의 자랑
국보 이야기

우리누리 글 • 김영희 그림

주니어중앙

추천의 말

어린이가 꿈을 키우는 터전

꿈 많은 어린 시절엔 장대한 역사와 위대한 문화유산에 관한
책을 읽는 것이 좋다.
거기에는 어린이가 꿈을 키우는 터전이 있기 때문이다.
감수성 예민한 어린 시절엔 흥미로운 그림을 통하여
재미있게 이야기를 풀어간 책이 좋다.
그것은 시각적 인식을 통해 어린이의 상상력을 자극하기 때문이다.
『오십 빛깔 우리 것 우리 얘기』는 이런 필요조건을 갖춘
고급 어린이 교양도서라 할 만한 것이다.

유홍준
(전 문화재청장, 현 명지대 교수,
『나의 문화유산 답사기』 저자)

이 책을 추천해 주신 선생님들

• 전래놀이, 풍속과 관련된 수업에 활용하고 있습니다. 옛 풍속과 관련해서 요즘에는 잘 사용하지 않는 용어들이 있어서 아이들이 어려워하는데, 이 책에는 사진 자료와 함께 쉽고 정확하게 설명이 되어 있어 아이들이 이해하기 쉽게 되어 있습니다.
— 손영수 선생님(가사초등학교)

• 아이들이 우리의 전통문화를 쉽게 접할 수 있도록 도움을 주는 소중한 자료입니다. 우리 학교의 독서 퀴즈 대회에서 매년 사용하는 책이랍니다.
— 성주영 선생님(도당초등학교)

• 우리의 옛 풍습과 문화, 관혼상제 등에 대해 자세히 설명되어 있어 수업을 하기 전에 미리 읽어 오라고 하는 도서입니다.
— 전은경 선생님(용산초등학교)

• 우리의 문화와 역사를 등학생들이 이해하기 쉽도록 재미있는 옛이야기로 풀어낸 점이 가장 마음에 듭니다. 초등 교과와 연계된 부분이 많아 학교 수업에 많이 활용하는 도서입니다.
— 한유자 선생님(삼일초등학교)

김임숙 선생님(팔달초)	조윤미 선생님(화양초)	이경혜 선생님(군포초)	염효경 선생님(지동초)
오재민 선생님(조원초)	박연희 선생님(우이초)	박혜미 선생님(대평중)	이진희 선생님(수일초)
최정희 선생님(온곡초)	정경순 선생님(시흥초)	박현숙 선생님(중흥초)	김정남 선생님(외동초)
이광란 선생님(고리울초)	김명순 선생님(오목초)	신지연 선생님(개포초)	심선희 선생님(상원초)
문수진 선생님(덕산초)	정지은 선생님(세검정초)	정선정 선생님(백봉초)	김미란 선생님(둔전초)
김미정 선생님(청덕초)	조정신 선생님(서신초)	김경아 선생님(서림초)	김란희 선생님(유덕초)
정상각 선생님(대선초)	서홍희 선생님(수일중)	윤란희 선생님(안산시근로자시민문화센터어린이도서관)	

『오십 빛깔 우리 것 우리 얘기』를 펴내며
향기를 오롯이 담아낸 그릇

『오십 빛깔 우리 것 우리 얘기』 시리즈가 처음 출간된 지 어느덧 16년이 되었습니다. 그동안 수많은 어린이와 부모님, 그리고 선생님들의 사랑을 받으며 전 50권이 완간되었고, 어린이 옛이야기 분야의 고전(古典)이자 스테디셀러로 굳건히 자리매김해 왔습니다.

이 시리즈는 '소중히 지켜야 할 우리 것'에 대한 이야기를 어린이를 위해 '쉽고 재미있게' 풀어쓴 책입니다. 내용으로는 선조들의 생활과 풍습 이야기, 문화재와 발명품 이야기, 인물과 과학기술·예술작품 이야기, 팔도강산과 고유 동식물 이야기 등 우리나라 역사와 전통문화 모든 영역을 총망라하고 있습니다. 그리고 이를 50가지 주제로 엮어 저학년 어린이도 얼마든지 볼 수 있도록 맛깔나는 옛이야기로 담아냈습니다. 장대한 역사와 위대한 문화유산을 배우기에 옛이야기만큼 좋은 형식도 없기 때문입니다.

대한민국 국민으로서 알아야 하고 전해야 할 우리 것, 우리 얘기는 아주 많습니다. 그동안 이 시리즈를 통해 많은 어린이가 우리 것을 알게 되고, 우리 얘기를 사랑하게 되었을 것입니다. 시간이 흘러도 역사와 전통문화의 향기는 변하지 않기 때문입니다.

하지만 저희는 그 향기를 담아내는 그릇이 그간 색이 바래고 빛을 잃었다는 사실에 가슴이 아프고 안타까웠습니다. 그래서 책에서 전하는 우리 것의 향기를 오롯이 담아낼 수 있는 새로운 그릇을 찾고자 하였습니다. 그 그릇을 통해 향기가 더욱 그윽해지고 멀리까지 퍼져서, 수백 년 수천 년 전의 우리 것이 오늘날에도 살아 숨 쉴 수 있도록 생명력을 주고자 하였습니다.

이에 몇 가지 원칙을 가지고 『오십 빛깔 우리 것 우리 얘기』 시리즈를 새롭게 출간하게 되었습니다.

◎ 원작이 가지는 옛이야기의 맛과 멋을 그대로 살렸습니다.
◎ 요즘 독자들의 감각에 맞추어 디자인과 그림을 50권 전권 전면 개정하였습니다.
◎ 교과 학습의 길잡이가 될 수 있도록 연계 교과를 표시하였습니다.
◎ 학습정보 코너는 유익함과 재미를 함께 줄 수 있도록 4컷 만화, 생생 인터뷰, 묻고 답하기 등으로 내용을 재구성하였고, 최신 정보와 사진을 수록하였습니다.
◎ 도표, 연표, 역사신문, 체험학습 등으로 권말부록을 풍성하게 꾸며서 관련 교과 학습을 강화하였습니다.

이 책을 처음 읽었을 8살 꼬마 독자는 지금쯤 나라와 민족에 긍지를 가진 25살 자랑스러운 대한민국 청년이 되었을 것입니다. 그 청년이 부모가 되어서도 자녀에게 다시 권할 수 있는 그런 책이 되기를 바라며, 이 시리즈를 오십 빛깔 그릇에 정성껏 담아 내어놓습니다.

주니어중앙

 글쓴이의 말

조상들의 발자취를 찾아서

사람들은 누구나 자신이 특별히 아끼는 물건이 있답니다. 오랫동안 소중히 간직하고 싶은 것 말이에요. 친구와 찍은 사진일 수도 있고, 오래 전에 썼던 일기장, 예쁜 인형일 수도 있지요. 어떤 것들은 시간이 지나면 지날수록 더욱 소중하게 느껴지기도 한답니다.

우리나라가 소중히 여기는 것들은 바로 문화재예요. 우리 조상들이 살아가면서 만들어 낸 그릇이나 옷가지에서부터 그림, 조각품, 건물에 이르기까지 각종 물건들 중에서도 문화적 가치가 높은 것을 문화재라고 해요. 그 중에서도 한국을 빛낸 최고의 예술품을 국보급 문화재라고 하지요. 국보는 만든 시기가 오래 되고 한 시대를 대표할 수 있는 것을 꼽아요. 또는 매우 희귀하고 역사적 인물과 관련된 것을 꼽기도 하지요.

　그렇다면 한국을 빛낸 최고의 예술품에는 어떤 것이 있을까요?
　이 책에서는 우리나라를 빛낸 국보 열 가지를 뽑았어요. 숭례문, 창덕궁, 종묘, 금동 미륵보살 반가 사유상, 청자 상감 운학문 매병, 김정희의 세한도, 미륵사지석탑, 부석사 무량수전, 조선왕조실록, 안동 하회탈이 그것이지요.
　우리 조상들의 발자취를 문화재에서 느껴보는 것은 신비로운 작업일 뿐만 아니라 배움의 재미도 큽니다. 지금부터 조상들의 발자취를 찾아 길을 떠나 볼까요? 여유와 낭만, 해학과 익살스러움, 단아함과 신비로움이 가득한 과거로의 여행을 떠나요. 한국의 아름다움은 그리 멀지 않은 곳에 있거든요.

어린이의 벗 우리누리

차례

조선의 대표적인 성문 숭례문 12
백두 낭자·한라 도령의 문화재 상식 키우기
우리나라 보물 1호가 뭐예요? 22

유네스코 세계 문화유산 창덕궁 24
백두 낭자·한라 도령의 문화재 상식 키우기
서울에는 어떤 궁궐이 있나요? 34

한국의 미소 금동 미륵보살 반가 사유상 36
백두 낭자·한라 도령의 문화재 상식 키우기
문화재도 보험에 드나요? 46

조선 왕실의 제사를 지내던 장소 종묘 48
백두 낭자·한라 도령의 문화재 상식 키우기
사직단은 무얼 하던 곳인가요? 58

푸른 하늘을 담아 낸 도자기 고려청자 60
백두 낭자·한라 도령의 문화재 상식 키우기
청자와 백자는 왜 색깔이 다른가요? 70

조선 역사의 기록 조선왕조실록 72
백두 낭자·한라 도령의 문화재 상식 키우기
삼국 시대 역사를 기록한 책이 있나요? 82

선비의 지조 완당 세한도 84
백두 낭자·한라 도령의 문화재 상식 키우기
흥선 대원군의 그림은 왜 유명한가요? 94

우리나라에서 가장 오래된 석탑 미륵사지 석탑 96
백두 낭자·한라 도령의 문화재 상식 키우기
우리나라에는 어떤 탑이 많나요? 106

아름답고 우아한 목조 건축물 무량수전 108
백두 낭자·한라 도령의 문화재 상식 키우기
우리나라에서 가장 오래된 목조 건물이 뭐예요? 118

절묘하고 무궁무진한 표정 하회탈 120
백두 낭자·한라 도령의 문화재 상식 키우기
우리나라에는 어떤 탈이 있나요? 130

 **부록** 교과가 튼튼해지는 우리 것 우리 얘기 132
두루두루 방방곡곡 문화재 탐방

조선의 대표적인 성문
숭례문

국보 제1호 숭례문의 당당한 모습이에요.

"아, 잠을 이룰 수 없구나! 도대체 어디에 성곽을 쌓아야 한단 말인가?"

지금으로부터 600여 년 전의 일이에요. 이성계를 도와 조선을 세우는 데 공을 세운 정도전은 한양에 성곽을 쌓는 문제로 고민하고 있었어요. 며칠 밤을 새워 가며 고민했지만, 시원한 답이 떠오르지 않았어요. 고민을 하다가 복잡한 머리를 식히려고 마당에 나갔어요. 매서운 겨울바람이 불었지만, 깊은 생각에 잠긴 정도전은 추위조차 잊고 있었어요.

바로 그때, 옆에 있던 소나무 가지에서 차가운 눈덩이가 후드득 떨어졌어요.
"어이쿠, 아직도 눈이 녹지 않았구나!"
그 순간 정도전은 고개를 들어 먼 산을 유심히 보았어요.
"북악산과 인왕산을 잇는 능선에는 아직도 눈이 있어. 그 능선을 따라 성곽을 쌓으면 되겠구나!"

정도전은 그제야 찌푸렸던 얼굴을 펼 수 있었어요. 높은 산꼭대기에 있는 눈이 녹지 않는다는 것은 그만큼 산세가 험하고 비탈지다는 것을 뜻해요. 산이 비탈지면 질수록 외적이 함부로 쳐들어올 수가 없지요. 게다가 높고 비탈진 곳에 성벽을 쌓으면 성벽 위에 서서 쳐들어온 적을 공격하기에 좋았거든요.

정도전은 태조 이성계에게 이 사실을 알렸어요. 태조 역시 이 소식을 듣고 크게 기뻐하며 성을 쌓도록 명령했지요.

1396년 전국에서 모인 12만 명의 젊은이들이 성곽을 쌓기 시작했어요. 성곽은 북악산, 인왕산, 낙산, 남산의 능선을 연결해 쌓은지 98일 만에 끝났답니다. 급히 만들어져서 서울의 성곽은 허술한 부분이 많았어요. 이런 이유로 세종대왕은 훗날 성곽을

더욱 튼튼하게 정비
했지요.
　옛날에는 서울을 도성, 한성, 황성으로 불렀는데, '성'자가 붙은 이유는 성으로 둘러싸여 있었기 때문이에요. 서울에 간다는 것은 성문 안으로 들어가는 것을 뜻했거든요.
　예전에는 성문을 통과하는 것이 몹시 힘들고 겁나는 일이었어요. 성곽의 성문에는 항상 군사들이 버티고 서서 성 안으로 들어가는 사람들을 일일이 검문했거든요.
"요즘 도성 안에 도둑이 들끓어 검문을 철저하게 한다니 오늘 숭례문 안에 들어갈 때는 조심하구려."
"성문을 들락날락하는 상인들은 고생 좀 하겠구먼."
　이런 서울의 성곽은 도대체 어디에 있는 걸까요? 오늘날에는

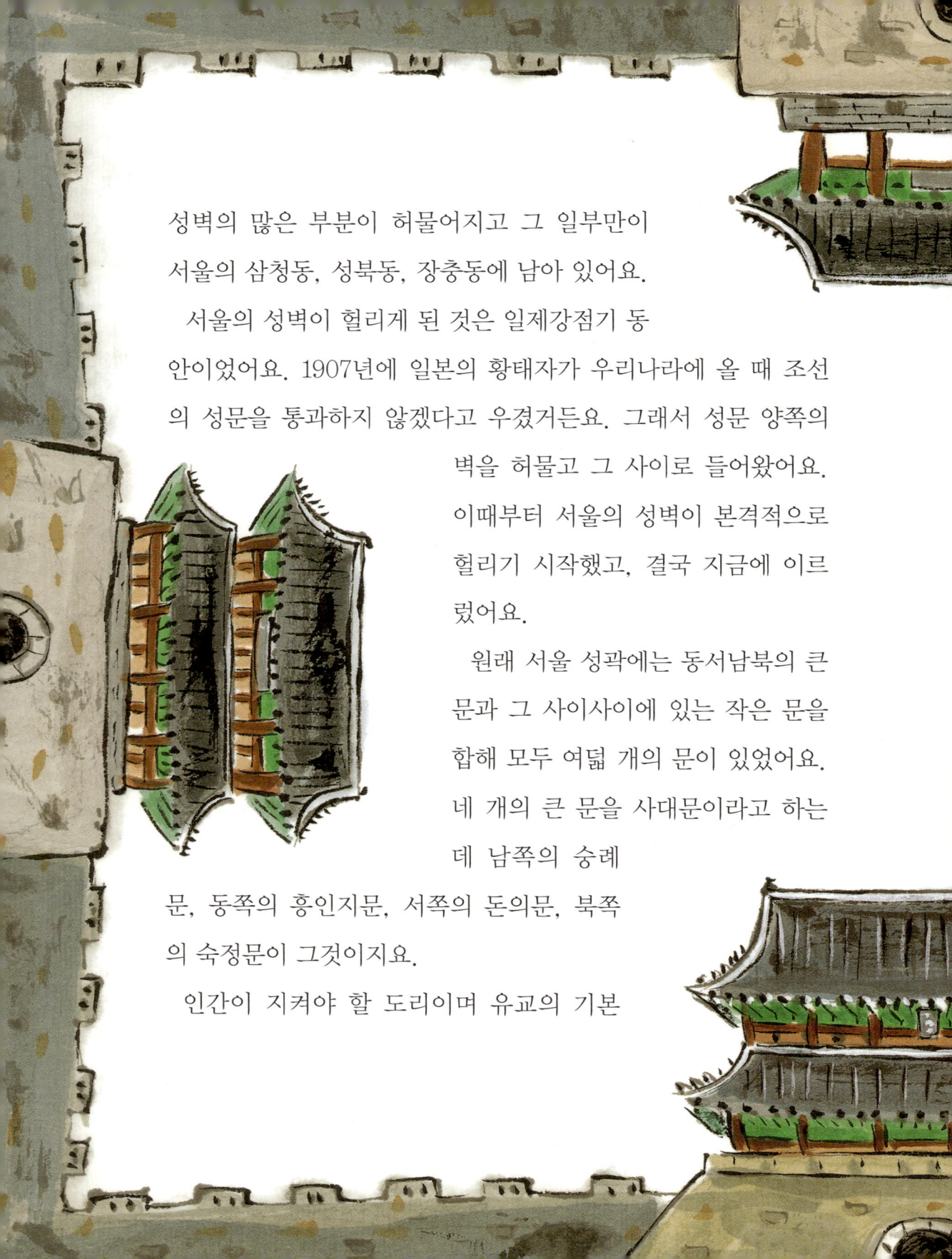

성벽의 많은 부분이 허물어지고 그 일부만이 서울의 삼청동, 성북동, 장충동에 남아 있어요.
  서울의 성벽이 헐리게 된 것은 일제강점기 동안이었어요. 1907년에 일본의 황태자가 우리나라에 올 때 조선의 성문을 통과하지 않겠다고 우겼거든요. 그래서 성문 양쪽의 벽을 허물고 그 사이로 들어왔어요. 이때부터 서울의 성벽이 본격적으로 헐리기 시작했고, 결국 지금에 이르렀어요.
  원래 서울 성곽에는 동서남북의 큰 문과 그 사이사이에 있는 작은 문을 합해 모두 여덟 개의 문이 있었어요. 네 개의 큰 문을 사대문이라고 하는데 남쪽의 숭례문, 동쪽의 흥인지문, 서쪽의 돈의문, 북쪽의 숙정문이 그것이지요.
  인간이 지켜야 할 도리이며 유교의 기본

이념인 인, 의, 예가 성문 이름에 들어가 있답니다.

'인'은 어질고 착하다는 뜻으로, 여기서 '흥인지문'이라는 이름이 지어졌어요.

'의'는 의롭다는 뜻으로 '돈의문'의 이름이 만들어졌고요. '예'는 공손하고 예의바르다는 뜻으로 '숭례문'이라는 이름이 만들어졌지요. 문 이름 하나에도 이렇게 깊은 뜻이 담겨 있다니, 우리 조상들의 세심함이 느껴지지요?

조선 시대에 세워진 사대문 가운데 가장 중요한 문은 숭례문이에요. 서울로 통하는 문 중에서 가장 규모가 크거든요. 숭례문은 다른 문들과 달리 그 모습이 엄숙하면서도 웅장하고 내부 구조가 튼튼하기 때문에 수도의 성문다운 당당함이 있어요.

양녕대군이 썼다는 숭례문 현판의 글씨체는 단아하면서도 힘이 넘치는데 특이한 것은 글씨가 세로로 쓰여졌다는 점이에요. 현판은 보통 가로로 쓰는데, 왜 숭례문은 세로로 썼을까요?

서울의 남쪽에는 관악산이 있는데, 그 생김새가 불꽃이 치솟아 오르는 것 같아서 '불의 산'으로 불렀어요. 이런 관악산의 불기운이 성문 안으로 들어오지 못하도록 숭례문의 현판을 세로로 써서 불기운을 누르려고 한 것이에요.

숭례문 현판

현판 글씨를 쓸 때도 신경 쓴 숭례문을 남대문으로 부르는 것은 잘못이에요. 남대문은 일제강점기에 일본 사람들이 우리 문화를 낮춰 보려고 붙인 이름이거든요. 예의를 높여 소중히 여긴다는 뜻을 가진 숭례문의 뜻이 일본 사람들은 못마땅했어요. 그래서 숭례문의 본래 의미를 깎아내리고 서울의 남쪽에 있는 사실만을 드러내기 위해 남대문으로 불렀답니다. 참으로 기가 막힌 일이 아닐 수가 없어요.

지금부터라도 소중한 우리 이름을 되찾아 남대문이라고 부르지 말고 숭례문이라고 불러요. 동대문도 흥인지문으로 부르고요. 우리 문화의 자존심을 세우는 일은 이름을 바로 쓰는 데서부터 시작되니까요.

백두 낭자·한라 도령의 문화재 상식 키우기

우리나라 보물 1호가 뭐예요?

조선 시대 한양에 성벽을 쌓을 때는 12만 명의 사람이 동원되었어요. 정말 굉장한 규모였지요? 성벽의 바깥쪽 면에 성벽을 쌓은 사람들의 이름이 새겨져 있어서 공사의 규모와 진행에 대해 알 수 있어요. 성벽이 무너지거나 훼손되면, 그 부분의 성벽을 쌓은 사람을 찾아 잘못을 캐물을 수도 있었지요.

한양의 성곽에는 숭례문, 흥인지문, 돈의문, 숙정문 등의 사대문이 있어요. 지금 남아 있는 성문은 숭례문과 흥인지문뿐이랍니다. 숭례문은 국보 제1호, 흥인지문은 보물 제1호로 보호받고 있어요.

흥인지문은 문 바깥쪽에 반원 모양의 옹성을 둘렀는데, 이는 적의 침략을 효과적으로 방어하기 위한 것이에요. 이런 옹성은 다른 문에서는 찾아볼 수 없답니다.

그런데 왜 숭례문은 국보고, 흥인지문은 보물일까요? 그 이유는 역사적 의미에서 찾을 수 있어요. 1396년에 지어진 숭례문은 지금까지 남아 있는 도성 건축물 중

동대문이 아니라 흥인지문이라고 불러야 해요. 흥인지문의 옹성 정말 튼튼해 보이지요?

가장 오래된 것이에요. 반면에 흥인지문은 태조 7년인 1398년에 완성해 단종 때인 1453년에 고쳐지었고, 조선 시대 말인 1869년에 새로 지어진 것이에요. 이처럼 여러 번 고쳐 지었기 때문에 보물로 지정되었답니다.

> 흥인지문의 공포

　숭례문은 지금까지 남아 있는 성문 중 규모가 가장 크고, 균형미가 빼어나요. 이에 비해 흥인지문은 가는 목재를 쓰고 숭례문보다 화려하고 기교적이에요. 지붕 처마를 받치기 위해 넣는 '공포'라는 나무쪽을 장식하느라 가늘고 화려하게 조각해 만들었어요. 그래서 흥인지문은 조선 후기 건축 양식을 잘 나타내는 문화재랍니다. 숭례문은 2008년 2월 10일 방화로 인해 불타서 지금은 복구 공사중이에요. 다시는 우리에게 이런 안타까운 일이 없어야 해요.

> 숭례문 복구 현장

유네스코 세계 문화유산
창덕궁

나라의 중요한 행사를 치르던 국보 제225호인 창덕궁 인정전의 모습이에요.

"대신들은 들으시오! 도읍지를 옮겨야 겠으니, 준비를 갖추도록 하시오."

"전하, 어찌하여 도읍지를 옮기려 하십니까?"

신하들이 묻자, 태종 이방원은 단호히 말했어요.

"우리가 머물고 있는 이 개성 땅은 본래 고려의 도읍지요. 조선 왕조를 세운 한양이 지척에 있건만 어찌하여 이곳에 머무르냔 말이오!"

이방원의 말에 신하들은 고개를 끄덕였어요.

"어디 그뿐이오? 한양은 종묘와 사직이 있는 곳이오. 어떻게 종묘와 사직을 등지고 나라를 다스리겠소! 이번 겨울에 한양으로 옮겨 지낼 테니 궁궐을 짓도록 하시오!"

이때, 한 신하가 머뭇거리며 말했어요.

"전하, 한양에는 경복궁이 있사옵니다. 그런데 어찌하여 궁궐을 다시 지으라는 말씀이십니까? 또다시 궁궐을 짓는다면 백성들의 원성이 높을 것이옵니다."

"나는 경복궁으로는 돌아가지 않을 것이오. 그러니 하루빨리 궁궐을 짓도록 하시오."

이방원은 왕위에 오르기 전, 아버지인 이성계가 둘째 부인의 아들에게 왕위를 물려주려 하자 '왕자의 난'을 일으켜 자신의 형제들을 죽인 일이 있었어요. 그러니 괴로운 기억을 불러일으키는 경복궁에 돌아가고 싶지 않았던 것이지요.

이렇게 해서 한양에 새로운 궁궐이 지어 졌어요. 그 궁궐이 바로 창덕궁이에요. 창덕궁은 1405년 10월 중순에 완공되었을 때 그 규모가 경복궁의 3분의 1 정도로 작았지요. 하지만 궁궐의 아름다움은 경복궁보다 빼어나요.

창덕궁의 정문인 돈화문에 들어서서 주변을 둘러보면, 느티

나무와 회화나무가 무성해요. 이 나무들은 여름이면 짙은 그늘을 드리우고, 가을이면 눈부신 단풍으로 궁궐의 아름다운 정취를 더해 주지요. 느티나무 아래 앉아서 돈화문의 높은 지붕을 쳐다보면 재미있는 잡상들을 볼 수 있어요. 잡상은 진흙으로 빚어 만든 흙 인형을 말해요. 조용히 자기를 따르라고 말할 것만 같은

늠름한 삼장 법사가 맨 앞에 서 있고, 그 뒤로는 손오공을 비롯한 여러 종류의 잡상이 늘어서 있어요. 잡상들은 한 줄로 죽 늘어서서 하늘에 떠도는 잡귀를 물리치는 일을 해요. 잡상이 일렬로 있는 용마루 양 끝을 보면, 짐승 모양을 한 조각품이 있는데 이를 치미라고 해요. 치미는 불을 먹는 짐승으로, 원래는 물고기 모양이었다고 해요. 그러다 차차 모양이 변하여 용의 모습을 하게 되었답니다. 조상들은 지붕에 치미를 만듦으로써 화재를 막을 수 있다고 생각했어요.

창덕궁을 좀 더 살펴보려면, 입구의 돌다리를 건너 들어가야 해요. 이 다리를 금천교라고 부르는데 1411년에 만들어진 것으로, 현재 서울에 남아 있는 돌다리 중 가장 오래 되었어요.

금천교를 건너면 창덕궁의 정전이라 할 수 있는 인정전을 볼 수 있어요. 인정전은 왕의 즉위식이나 신하들의 하례(축하하는 예식), 외국 사신 접견 등 나라의 중요한 행사가 열리던 곳이에요.

그럼, 인정전 안을 들여다볼까요?

인정전 안에는 왕이 앉는 의자인 용상이 있어요. 용상 뒤에는 일월오악도라 불리는 아름다운 병풍이 있답니다. 해와 달이 높이 떠 있고, 다섯 봉우

리가 우뚝 솟아 있지요. 그리고 바위와 소나무, 거북 등 변함이 없고 수명이 길어서 좋은 징조를 나타낸다고 여기던 생물들이 그려져 있어요. 그 위 천장에는 나무를 깎아 만든 봉황새 두 마리가 날아가는 모습을 하고 있는데 이

런 것은 모두 왕을 상징해요.

 인정전을 비롯한 궁궐 건물들을 지나면 임금과 왕비가 쉬던 정원인 '후원'에 닿게 됩니다. 요즘엔 후원을 '비원'이라고 부르는 사람들이 많은데, 잘못된 표현이에요

 조선 시대에는 비원이란 이름은 거의 쓰지 않고 후원, 금원, 북원이라고 불렀답니다. 비원이라고 부르기 시작한 것은 일제강점기, 창덕궁 후원에 비밀스런 모임이 많다는 의미로 비원으로 낮

춰 불렀기 때문이에요. 심지어 일본 사람들은 이곳에 모여 먹고 마시며 놀았답니다. 나중에는 일반 사람들에게 개방해 관광지로 만들었고, 그때부터 '비원'이라는 이름이 굳어졌어요. 지금부터라도 비원이라고 잘못 부르는 일이 없어야겠어요. 나라 사랑의 시작은 이렇게 작은 것부터 실천할 수 있거든요.

창덕궁의 후원 입구에 들어서면 운치 있는 산책로가 이어지는데 그 길을 따라 얼마쯤 가다 보면, 산자락 동쪽을 향해 'ㄷ'자 모양으로 만들어진 '부용지'라는 연못이 나와요. 연못 남쪽 가장자리에는 '十(십)'자 모양의 '부용정'이라는 아담한 정자도 있고요.

연못은 아름다울 뿐만 아니라 대단히 커서 한가운데에는 섬이 있고, 그 섬에는 푸른 소나무가 심어져 있지요. 그런데 이 부용지는 물이 다른 곳에서 흘러 들어오지도 않고 물을 갈아 주지 않는데도 항상 깨끗하고 맑아요. 왜 그럴까요? 그것은 바로 연못 바닥에 우물이 있기 때문이래요. 그 우물 자리를 파서 연못을 만들었거든요.

창덕궁의 후원은 우리나라의 대표적인 정원으로 꼽혀요. 자연적인 지형에 꽃과 나무를 심고, 연못을 판 조선 시대의 전통 건

부용정의 주춧돌 두 개가 연못 안에 있는 것이 보이나요?

축과 자연의 아름다움이 조화를 이룬 세계적인 유산이에요. 이런 이유로 창덕궁은 유네스코 세계 문화유산으로 지정되어 우리 궁의 아름다움을 세계에 알리고 있답니다.

백두 낭자·한라 도령의 문화재 상식 키우기

서울에는 어떤 궁궐이 있나요?

　서울에는 경복궁, 창경궁, 창덕궁, 경운궁, 경희궁 등 모두 다섯 개의 궁궐이 있어요. 궁궐이란 '궁'과 '궐'이 합쳐진 말이에요. 궁은 임금이 먹고 자고 일하는 집을 말하고, 궐은 그 집들을 둘러싼 담을 뜻한답니다.

　경복궁은 태조 이성계가 조선 왕조를 열면서 세운 궁궐이에요. 조선 왕조의 정궁으로 가장 격식을 차려 지었어요. 경복궁에는 근정전, 사정전, 교태전과 경회루 등이 있어요. 경회루는 외국 사신을 접대하고 임금님이 신하들과 함께 잔치를 열던 곳이에요. 또한, 임금의 아내가 생활하던 교태전이 있어요. 이곳에는 아름다운 꽃담장과 십장생을 새겨 넣은 굴뚝이 있답니다.

　창덕궁은 태종이 세운 궁궐로 광해군 이후 고종 때까지 13대에 걸쳐 270년간이나 왕이 나랏일을 보았던 곳이에요. 왕이 머물던 햇수로 보면 경복궁보다 오래 사용된 궁이지요. 또한, 창덕궁의 후원은 한국의 전통적인 정원의 모습을 잘 보존하고 있어요.

경회루

창경궁은 성종 때 창덕궁 동쪽에 지은 궁이에요. 순종 3년에 일제에 의해 동물원과 식물원으로 문을 열고 일반인에게도 공개되어 궁궐로서의 품위와 멋을 잃었어요. 그러다가 1983년부터 복원 공사에 들어가 옛 궁궐의 모습을 되찾게 되었지요.

자경전의 꽃담장

덕수궁은 임진왜란 때 궁궐이 모두 불타고 없어서 선조가 임시로 머물면서 별궁의 면모를 갖추게 되었답니다. 근대화 과정을 거치면서 서양식 건물이 덕수궁 안에 들어섰어요.

안타깝게도 5대 궁궐의 하나인 경희궁(경덕궁)의 건물은 모두 허물어져 없어지고 그 터만 남아 있답니다. 원래 규모는 7만여 평이었는데, 일제강점기에 강제로 철거되어 몇몇 건물만 다른 곳에 옮겨져 보존되고 있어요.

호텔의 정문으로 쓰이다 1988년 원래의 자리로 이전된 경희궁의 흥화문이에요.

한국의 미소
금동 미륵보살 반가 사유상

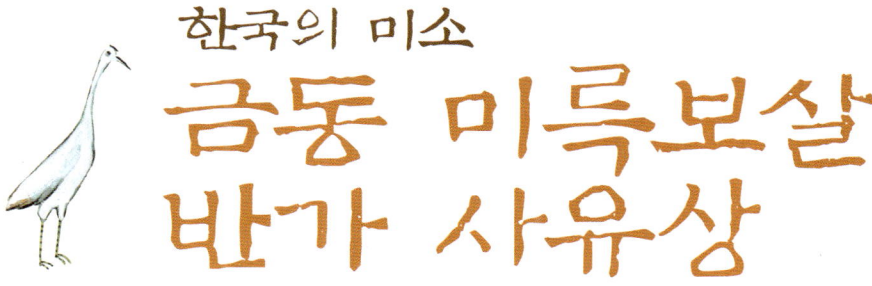

세계인의 시선을 한 몸에 받은 국보 제83호 금동 미륵보살 반가사유상이에요.

1996년 미국 애틀랜타에서 올림픽이 열렸을 때예요.

"아! 이런 미소를 지을 수 있다니!"

"마치 살아 숨 쉬면서 웃고 있는 것 같아."

금동 미륵보살 반가 사유상 앞에 선 외국인들은 하나같이 감탄사를 터뜨리며 입을 다물지 못했어요. 올림픽 주최를 하던 미국에서는 세계 각국을 대표할 만한 문화재를 모아 특별전을 열었어요. 그때 우리나라는 국보 제83호인 금동 미륵보살 반가 사유

상을 출품했어요.

국립 중앙 박물관은 금동 미륵 보살 반가 사유상을 출품하면서 자신있었어요. 그리고 우리의 불상은 전 세계 사람들의 시선을 한 몸에 받았답니다.

"이것이 진정한 한국의 아름다움이로군요! 로댕의 생각하는 사람도 이 불상 앞에서는 평범하다고 말할 수밖에 없겠어요."

"부드러운 눈매에 긴 눈썹을 봐요. 어쩜 저렇게 정교하지요?"

"저 신비스러운 미소는 어떻고요."

이렇듯 금동 미륵보살 반가 사유상은 한국을 넘어 세계의 인정을 받는 우리의 자랑이랍니다.

금동 미륵보살 반가 사유상은 줄여서 반가상이라고도 불러요. 반가상은 애틀랜타에서 열린 특별전에 나가기 위해 특별한 보험에 가입했어요. 그 보험은 귀중한 유물이나 보물을 옮기다가 사고가 생기거나 전시 중에 화재가 발생할 것에 대비해 드는 문화재 보험이랍니다. 이때 보험료는 5,000만 달러였는데 우리나라 돈으로는 600억 원이 넘어요. 소중한 우리 문화재를 돈으로 따질 수는 없지만 반가상의 가치는 우리나라 전체에서 몇 손가락 안에 꼽혀요.

많은 사람들은 반가상의 미소를 한국의 미소라고 칭송해요. 반가상을 자세히 관찰하면 눈과 입가에 잔잔히 배어 있는 미소가 마치 아기를 안은 어머니의 인자한 미소처럼 보이거든요. 이 미소를 통해 우리 조상들이 어떤 웃음을 지으며 살았는지 느낄 수 있지요. 반가상의 미소는 진리를 깨우친 개달음의 미소로도 불러요. 그것은 반가상이 인간이 아니라 미륵보살을 표현한 것이기 때문이에요. 미륵보살은 석가모니에 이어 부처가 되기로 정해져 있는 보살이에요.

"미륵보살을 우러르고 살며 부지런히 덕을 닦자."

"우리가 노력하면 이 세상을 떠날 때 도솔천에서 미륵보살을 만나게 될 거야!"

불교가 융성했던 삼국시대의 사람들은 덕을 쌓아 미륵보살을 만나는 것을 최고의 공덕으로 여겼거든요. 그런 이유로 삼국 시대에는 미륵보살을 많이 조각했어요. 그럼 반가 사유상에 담긴 뜻을 알아볼까요?

먼저 둥근 의자에 걸터앉아 오른쪽 다리를 책상다리하듯 접어 발끝을 왼쪽 다리 무릎 위에 얹어 놓은 모양을 반가 양식이라고 불러요. 그리고 오른손을 들어서 손끝을 턱에 대어 깊은 생각에 잠긴 모습을 나타내는 것을 사유 양식이라 하지요. 이 두 양식이 합해져 반가 사유 양식이라고 부른답니다.

금동 미륵보살 반가 사유상의 옆모습

금동 미륵보살 반가 사유상이 무엇으로 만들어졌는지 궁금하지 않나요? 바로 청동이에요. 불상의 겉은 청동이고, 속은 텅 비어 있지요.

불상의 두께가 가장 얇은 곳이 8mm 정도 밖에 안되거든요. 기술이 발전하지 않았던 옛날에 어떻게 이렇게 얇은 불상을 만들 수 있었을까요?

　청동으로 불상을 만드는 것은 지금도 여간 까다로운 게 아니랍니다. 우리의 조상들이 불상을 만들던 방법을 알아 보면 먼저 철심을 꽂은 찰흙으로 부처님을 만들어요. 그리고 그 위에 밀랍을 발라 원하는 모양대로 조각을 하지요. 밀랍은 꿀벌이 벌집을 만들 때 분비하는 누런 물질인데, 상온에서 딱딱하게 굳는 성질이 있어요. 불상을 만들 때 바르는 밀랍의 두께에 따라 청동의 두께가 결정된답니다. 그리고 그 위에 흙을 고정시켜 불상에 입히고 적당히 열을 가해 밀랍을 밖으로 빼요. 그 뒤 청동 쇳물을 밀랍이 있던 공간에 부은 다음 바깥 틀을 제거하고 청동 속 내부의 흙도 제거해요. 끌로 말끔히 정리한 뒤 금을 입히면 금동 불상이 탄생하지요.

　금동 미륵보살 반가 사유상은 이런 방법으로 만들어졌어요. 반가상은 같은 시기에 만들어진 아시아의 그 어떤 불상보다도 뛰어난 작품이에요. 그런데 안타까운 점은 이 반가상을 제작한 사람이 누구인지 삼국 중 어느 나라인지 알 수 없다는 것이에요.

"이 불상은 신라인이 만든 것이 틀림없네."

"허허, 아니네. 이 불상은 백제인이 만든 것일 게야. 얼굴이나 몸매의 예리함을 보게나. 백제인의 솜씨 그대로잖아."

이 같은 논쟁은 불상을 둘러싸고 오랫동안 이루어졌어요. 모두들 이 불상의 제작과 관련한 정확한 사실을 알고 싶어 했으나 알아 내지 못했어요.

우리의 불상인데 어느 시대에 만들었는지 왜 만들었는지 어디서 발견되었는지 모른다니 정말 이상하지요. 왜 이런일이 생긴걸까요?

그 까닭은 우리나라의 비극적인 역사에서 찾아볼 수 있어요. 일제강점기 동안 일본 사람들은 배를 타고 건너와 우리 문화재를 마구잡이로 가져갔답니다. 일본 도굴꾼들은 우리 조상들의 무덤을 파헤쳐 돈이 되는 것이라면 무엇이든 가리지 않고 가져갔어요. 심지어 귀중한 문화재를 일본 사람에게 헐값에 팔기도 했답니다.

"아니, 이게 뭐야? 불상 아냐? 정교한 것을 보니 값이 꽤 나가겠는걸."

우리의 금동 미륵보살 반가 사유상은 일본 사람이 훔쳤답니다.

그는 몇 년 후에 이 불상을 조선의 창경궁 제실 박물관에 비싼 값에 팔았답니다. 그는 이 불상이 어디에서 나왔는지 밝히지도 않고 냉큼 사라졌어요. 그나마 불상이 일본으로 건너가지 않은 것만도 다행이라고 할 수 있어요. 박물관은 해방 이후 덕수궁 미술관으로 바뀌었다가 1969년 5월에 국립 중앙 박물관에 흡수되었답니다. 이렇게 해서 금동 미륵보살 반가 사유상을 국립 중앙 박물관에 보관하게 된 것이에요.

 금동 미륵보살 반가 사유상은 이렇듯 슬픈 사연이 있어요. 현재까지 외국에 약탈된 문화재들은 3만 4,000여 점이나 된답니다. 우리의 문화재를 우리의 손으로 찾는 것은 당연한 권리이자 의무예요. 또한 외국에 빼앗긴 문화재를 잊어서도 안된답니다.

문화재도 보험에 든다면서요?

　문화재도 사람과 마찬가지로 보험에 들어요. 문화재에 흠이 생기거나 화재와 도난 같은 위험으로부터 문화재를 보호하기 위해서랍니다. 그 중에서도 가장 빈번하게 일어나는 위협은 도난이에요.

　보물 제321호인 '지정 4년명 고려 청동향로', 국보 제238호 '소원화 개첩', 국보 제247호 '금동보살입상' 등 지금까지 수많은 도난 사건이 있었답니다. 최대의 미스터리 도난 사건을 소개할게요.

　1967년 10월 24일 서울 덕수궁 미술관 2층 전시실에 있어야 할 '연가 7년명 금동 여래 입상'이 사라졌어요. 그리고 진열장에는 쪽지 한 장이 들어 있었지요.

　"오늘 밤 12시까지 이 불상을 돌려주겠소."

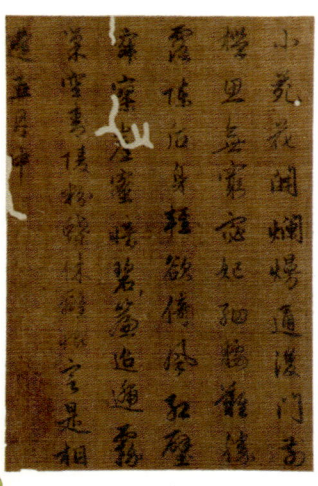 

국보 제238호 '소원화개첩'과 국보 제247호 '금동보살입상'의 모습이에요.

불상이 없어진 것을 발견한 박물관 직원들은 당황해서 어쩔 줄 몰라했어요. 경찰은 작은 단서조차 찾을 수 없었지요. 초조하게 시간이 흘렀고, 밤 11시가 되자 문화재 관리국장의 집에 전화벨이 울렸어요.

"한강 철교 제3 교각 16번과 17번 침목 받침대 사이에 있소."

그 소식을 들은 경찰들은 부리나케 현장으로 달려갔어요.

범인의 말대로 불상은 그곳에 있었어요. 흠 하나 없이 말이에요. 소중한 불상을 되찾기는 했지만, 범인은 지금까지도 잡지 못했답니다.

1997년 정부에서는 관리 소홀로 4,500여 점의 문화재가 도난을 당했다고 밝혔어요. 너무나 안타까운 일이지요. 특히 사찰이나 향교는 관리가 소홀한 탓에 언제라도 도난을 당할 위험이 있어요. 문화재는 어떤 개인의 것이 아니에요. 박물관이나 사찰, 기관의 것도 아니랍니다. 문화재는 우리 모두의 것이고, 우리가 함께 지키고 후대에 고스란히 물려주어야 할 민족의 유산이에요. 이 점을 항상 기억하고 명심해야 해요.

조선 왕실의 제사를 지내던 장소
종묘

우리나라 옛 건물 중 제일 큰 건물인 종묘 정전의 모습이에요.

지금으로부터 600여 년 전의 일이에요. 함경남도 안변의 깊은 산골짜기에 무학대사가 살고 있었어요. 무학대사는 산속에 토굴을 파고 그 안에서 한 발짝도 움직이지 않은 채 도를 닦았어요.

그러던 어느 날, 한 젊은이가 토굴 안으로 무학대사를 찾아왔어요. 키가 장승처럼 크고 코가 반듯했는데 한눈에 용맹한 사람임을 알 수 있었지요.

"젊은이가 무슨 일로 이곳까지 나를 찾아 오셨소?"

"이곳에 유명한 스님이 있다는 소문을 듣고 찾아왔습니다."

"허허, 나는 집도 절도 없는 엉터리 중이라오. 그런데 무슨 일로 여기까지 오셨소?"

"사실은 제 꿈 이야기를 하러 왔습니다. 얼마 전 꿈에 우연히 쓰러진 집에 들어가게 되었는데 서까래 세 개를 등에 지고 나왔습니다. 이건 대체 무얼 뜻하는 꿈인가요?"

한참을 생각하던 무학대사는 미소를 지으며 말했어요.

"이다음에 왕가와 깊은 인연이 있을 것입니다."

"그렇다면 이 꿈은 더없이 좋은 꿈이 아닙니까?"

젊은이는 호탕하게 웃었어요. 이 젊은이가 훗날 조선을 세운 태조 이성계랍니다. 태조 이성계는 왕위에 오르자마자 무학대사와 여러 가지 나랏일을 의논했어요.

"무학대사, 한양으로 도읍지를 옮겨야겠으니 좋은 궁궐터를 잡아 주시오."

"분명 하늘이 내려 준 명당이 있을 겁니다. 제가 성

심을 다해 찾아보겠습니다."
　무학대사는 한양을 방방곡곡 돌아다니며 궁궐터를 찾았어요. 그러던 어느 날, 무학대사는 북악산 밑에 도착해 깜짝 놀랐어요.

"과연 이 자리가 궁궐터로구나! 앞으로는 한강이 흐르고, 서쪽으로 난 길은 송도로 통하는구나! 산세마저 빼어나 아름답기 그지없어."

무학대사는 태조 이성계에게 이 사실을 알렸고, 이성계는 조정의 대신들과 의논하여 북악산 아래로 궁궐터를 정했어요.

태조 이성계가 한양으로 도읍지를 옮기고 나서 제일 먼저 지은 건물은 궁궐이 아닌 종묘와 사직단이에요.

종묘는 역대 왕과 왕비들의 신주(죽은 사람의 위패)를 모시고 제사를 지내는 곳이고, 사직단은 땅과 곡식의 신에게 제사를 지내는 곳이에요. 그렇다면 태조 이성계는 왜 종묘와 사직단을 가장 먼저 지었을까요?

이성계는 효도가 사람됨의 시작이라고 생각했어요. 부모님이 살아 계실 때는 물론이고 돌아가신 후에도 정성을 다해 모셔야 한다고 생각했어요. 왕이 몸소 조상을 소중히 섬겨 백성들로 하여금 본받게 하려는 마음이 잘 드러나 있답니다.

사직단에도 역시 백성들을 생각하는 태조 이성계의 마음이 잘 드러나 있어요. '사'는 땅의 신을, '직'은 곡식의 신을 가리켜요. 땅의 신과 곡식의 신을 잘 모셔서 대지가 풍요로워지면, 백성들이 저절로 행복해지기 때문이에요.

다시 말해, 태조 이성계가 종묘와 사직단을 가장 먼저 세운 까닭은 조상과 백성을 섬기는 것이 나라를 다스리는 첫걸음이라고 생각했기 때문이에요.

종묘는 서울 종로 4가에 있어요. 종묘의 가장 중요한 건물은 정전과 영녕전이지요. 종묘 정전은 태조 이성계가 세운 건물로, 열아홉 칸의 감실에 태조를 비롯한 조선의 열아홉 왕과 그 왕비의 신주가 각각 모셔져 있어요. 종묘 정전은 우리나라 건물로는 보기 드물게 좌우로 길게 뻗은 목조 건축물이에요. 남문에서 보면, 건물이 한눈에 다 들어오지 않을 만큼 길지요. 열아홉 칸 감실이 있는 곳만 그 길이가 70미터나 돼요. 종묘 정전은 단순해 보이지만, 오래도록 보아도 질리지 않는답니다. 군더더기 장식을 전혀 하지 않았기 때문이에요.

종묘 정전의 감실

종묘의 멋은 정전의 기둥에서도 배어 나요. 정전의 기둥은 모두 간격이 일정하고 열을 지어 늘어서 있어요. 이것을 열주라고 하는데, 열주의 한쪽 끝에서 맞은편을 바라보면 그 끝이 보이지 않을 정도로 아득하답니다.

종묘 정전이 간결하고 단아하게 만들어졌다는 것은 그 색채로도 알 수 있어요. 창덕궁의 처마나 기둥이 모두 화려하고 아름다운 색깔로 칠해진데 비해 종묘는 울긋불긋하지 않게 단순한 색으로 칠해져 있어요. 이처럼 종묘 정전은 그 단아한 아름다움 때문에 국보 제227호로 지정되었어요.

시간이 지나 모셔야 할 신위가 늘어나자 세종대왕은 정전 서쪽 바깥에 영녕전을 지었어요. '영녕'이라는 말은 조상과 자손이 길이길이 평안하라는 뜻을 가지고 있어요.

종묘에서는 해마다 종묘 제례가 열려요. 종묘 제례는 임금이 손수 제사를 올릴 만큼 중요하고 격식이 높은 제사 의식이었답니다. 지금도 매년 5월의 첫째 일요일에 종묘에 가면 종묘 제례를 볼 수 있어요. 종묘 제례가 열리는 동안 엄숙하고 장엄한 종묘 제례악이 연주되는데 제사를 지내는 동안 연주되던 음악이에요. 종묘 제례는 중요 무형 문화재 제56호로 보전되고 있어요.

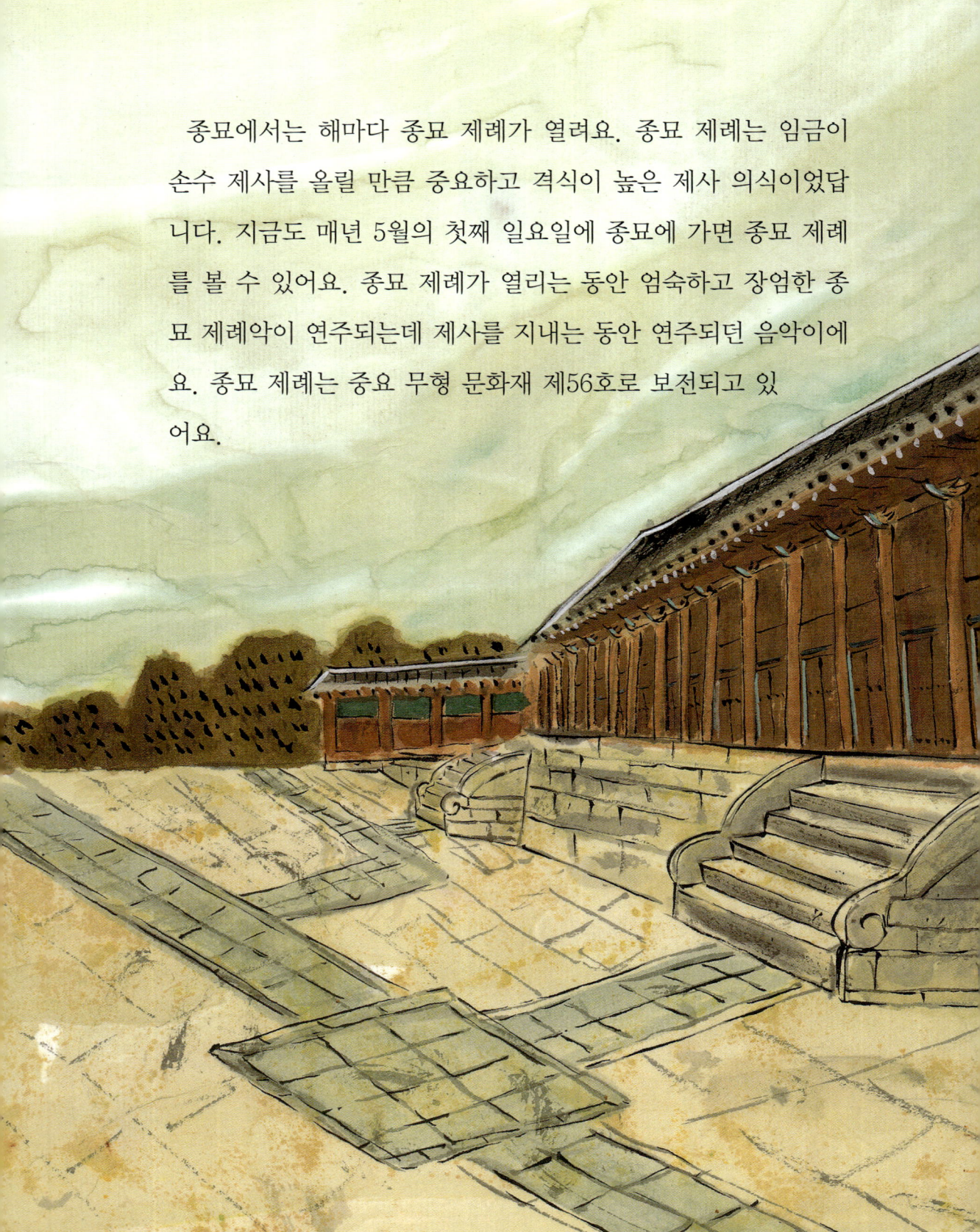

사직단은 무얼 하던 곳인가요?

백두 낭자·한라 도령의 문화재 상식 키우기

　'종묘'란 역대 임금과 왕비의 신주를 모신 사당을 말하고, '사직'은 백성을 위해 단을 쌓고 제사를 지내던 곳이에요. 즉, 토지의 신과 곡식의 신에게 제사를 지내 백성들이 넉넉하고 여유롭게 살도록 비는 것이에요. 그래서 '사직'이라는 말은 나라나 조정을 가리키는 말로도 쓰여요.

　서울 종로구 사직동에 있는 사직단은 태조 이성계가 한양에 도읍을 정하고 궁궐과 종묘를 지으면서 함께 세운 것이에요. 토지의 신에게 제사 지내는 국사단은 동쪽에, 곡식의 신에게 제사 지내는 국직단은 서쪽에 배치했어요. 국사단과 국직단은 신을 받드는 곳이기 때문에 돌로 네모난 단을 쌓고 흙을 덮어 만들었어요. 동쪽에는 청색, 서쪽에는 백색, 남쪽에는 적색, 북쪽에는 흑색, 중앙에는 황색의 흙을 깔았답니다. 이것만 보아도 사직단이 신을 위한 건축물이라는 것을 알 수 있어요.

땅의 신과 곡식의 신에게 제사를 지내던 사직단의 모습이에요.

사직단의 제사

제사는 2월과 8월, 동지와 섣달그믐에 지내거나 나라에 큰일이 있을 때나 가뭄에 비를 기원하는 기우제, 풍년을 비는 기곡제를 이곳에서 지냈답니다.

　조선 후기 1897년 고종이 황제에 올라 이곳을 태사, 태직이라 고쳐 불렀어요. 종묘와 사직을 중요하게 여겨 제사를 지내던 곳을 1910년 일본 사람들이 우리나라의 사직을 끊고, 우리 민족을 업신여기기 위해 공원으로 만들었어요.

　현재 사직단에 가면 예전에 제사를 지냈던 신성함은 찾아볼 수 없어요. 대신 푸른 잔디밭이 공원을 찾아오는 사람들을 기다리고 있지요.

푸른 하늘을 담아 낸 도자기
고려청자

학과 구름이 수놓아져 있는 푸른 하늘을
담은 청자 상감 운학문 매병이에요.

"천 마리의 학이 푸른 하늘을 날아가는 것 같군요! 이렇게 훌륭한 청자는 처음이오."

1935년 어느 날, 청자를 찬찬히 살펴보던 일본인은 청자의 아름다운 빛에 홀리고 말았어요.

"정말 보기 드문 명품입니다. 초면에 실례가 된다는 것은 알고 있지만, 제게 파십시오."

일본인의 말에 남자는 아무런 대꾸도 하지 않았어요.

"값은 얼마든지 상관없으니 제발 이 청자를 넘겨주십시오."

 일본인이 고개를 숙이며 애원하자, 남자는 굳게 다문 입을 열며 말했어요.
 "이 청자를 팔 수 있소. 다만……,"
 순간 일본인은 침을 꿀꺽 삼키며 다음 말이 떨어지길 기다렸어요.
 "당신이 이 청자보다 더 좋은 물건을 내게 가져다주면 이것을

가져가도 좋소."

일본인은 고개를 절레절레 흔들며 남자의 집에서 나왔어요.

"무서운 젊은이구나! 고려자기에 대한 자부심이 대단해. 게다가 그것을 지키겠다는 배포는 어떻고, 정말 대단해."

이 남자의 호는 간송, 이름은 전형필이에요. 간송 전형필은 아버지로부터 물려받은 십만 석 지기 재산을 문화재 모으는 일과 그 문화재가 일본인에게 넘어가는 것을 막는데 썼어요.

"나라 잃은 백성의 부끄러움과 절망은 뼈저리게 경험했다. 하지만 이제 일본이 우리 문화재를 훔쳐 가는 것을 보고만 있지는 않겠다."

민족의 자존심을 회복시키기 위해서 우리의 문화와 전통을 잊어서는 안 된다고 생각한 전형필은 평생 동안 우리 문화재를 지키는 데 온 힘을 기울였어요. 일본이나 영국 등 외국으로 넘어간 한국 문화재를 다시 되찾아오는 데도 전 재산을 쏟아 부었죠. 그의 이러한 노력은 돈 많은 사람들이 자신의 즐거움을 위해 문화재를 모으는 것과는 달랐답니다. 그래서 문화재를 자기 혼자 감상하지 않고 '간송 미술관'을 세워 많은 사람들에게 우리 문화의 소중함을 알렸어요.

원래 청자 상감 운학문 매병도 일본인 손에 넘어간 것을 그가 사들인 것이에요. 당시엔 일본 도굴꾼들이 옛 무덤을 파헤쳐 고려청자나 자기를 훔쳐 갔답니다. 그 전까지는 한 점의 고려청자도 세상에 나돌지 않았어요. 한국인에게 조상의 무덤을 파헤쳐 유물을 꺼내 감상한다는 것은 감히 상상 할 수 조차 없는 일이었으니까요.

"아니, 어떻게 조상의 무덤을 파헤쳐 그 안의 물건을 꺼낸단 말이오!"

"무덤을 파는 건 미친 짓이야! 천벌을 받을 일이지!"

그래서 고려자기는 고려 시대부터 조선 시대까지 긴 세월 동안 세상에 나오지 않았던 거에요.

　고종황제까지도 고려자기에 대해 알지 못할 정도였어요. 고종이 처음 고려청자를 보고 그 아름다움에 놀라 어느 나라 물건이냐고 물었을 정도니까요.
　일본이 그렇게 고려청자를 탐낸 것은 빛깔 때문이에요. 고려청자는 중국이나 일본의 도자기와는 달리 본래 바탕을 숨기지 않는 맑은 빛깔의 순수함이 드러나는 예술품이거든요.
　"고려청자의 푸른빛은 눈이 부실 정도요. 마치 파란 하늘이 맑

청자귀형수병이에요.

은 계곡 물에 비친 것 같소."

　청자의 빛깔을 본 사람들은 그 푸른빛에 깊이 빠져들어요. 고려청자는 모양도 다양하지요. 조롱박, 참외, 죽순 등 자연을 닮은 모양을 하고 있어요. 그 위에는 엷은 상감 문양이 조화를 이루어 아름답게 빛난답니다.

　고려청자에 쓰이는 상감 기법은 빚어진 그릇에 문양을 새기고 백토나 흑토를 메워 넣어 초벌구이를 해요. 그 다음에 유약을 발라 두벌구이를 해서 문양을 만드는 기법인데, 독창적인 우리만의 기법이라고 할 수 있어요.

　원래 상감 기법은 고려의 독창적인 기술이 아니었어요. 서양과 중국에서도 공예 기법으로 널리 사용했거든요. 그렇다면 이것을 고려의 독창적인 기법이라고 하는 이유는 무엇일까요? 서양이나 중국에서는 금속 공예품에만 상감 기법을 사용했지만 고려청자는 이를 응용해 흙으로 빚은 도자기에 상감 기법을 사용한 것이에요. 이는 고려인만의 독창성이라 할 수 있어요.

상감청자 중에서 가장 아름다운 것이 바로 국보 제68호인 청자 상감 운학문 매병이에요. 이 청자는 추운 겨울 매화 한 송이를 꽂는 매병이기 때문에 주둥이가 좁아요. 이런 매병은 중국과 우리나라에서만 볼 수 있어요.

청자 상감 운학문 매병의 어깨부터 허리를 따라 자세히 보면 부드럽고 날씬한 느낌이 나요. 그리고 겉에는 구름과 함께 날아가는 학이 정교하게 그려져 있어요. 청자를 만든 도공은 이 매병에 하늘을 담고 싶었는지도 몰라요. 파란 하늘과 그 위를 나는 학과 구름을 그려 넣은 것을 보면 말이에요.

청자 상감 운학문 매병에는 이처럼 하늘을 담으려는 고려 도공의 마음이 담겨 있어요. 그리고 청자도 도공의 마음을 아는지 푸른 비취색으로 높고 아득한 하늘의 푸름을 잘 담아내고 있지요.

청자와 백자는 왜 색깔이 다른가요?

백두 낭자·한라 도령의 문화재 상식 키우기

고려에 청자가 있다면 조선에는 백자가 있어요.

화려한 고려청자와 달리 조선백자는 소박한 멋이 있어요. 조선백자의 빛깔은 우유처럼 희고 고와서 마치 겨울날 내리는 함박눈처럼 깨끗하지요. 조선백자의 곡선은 단순하지만 보면 볼수록 편안하고 아름다운 느낌을 주지요. 조선백자는 대부분 둥글둥글해서 부드러운 느낌을 주거든요.

그런데 청자와 백자는 왜 색깔이 다를까요?

그 비결은 바로 고령토라고 부르는 태토에 있답니다. 태토란 청자나 백자를 빚는 데 쓰이는 고운 진흙을 말해요. 물에 섞어 반죽하면 그릇을 빚기에 좋은 상태가 되고, 불에 구우면 단단하게 굳어지는 성질이 있어서 도자기를 만들 때 쓴답니다.

한국인의 어질고 순수한 모습을 보여 주는 백자의 모습이에요.

고려 사람들은 청자의 빛깔을 비색이라고 불렀어요.

고려청자는 철분이 조금 섞인 태토로 빚어요. 그런 다음 철분이 들어 있는 유약을 입혀 1,200도의 온도에서 구워요. 청자의 회토는 흐린 회색이에요. 하지만 청자에 쓰이는 유약은 초록이 더해진 푸른색이지요.

그런데 유약이란 뭘까요? 유약은 도자기 겉면에 물이나 공기가 스며들지 않도록 하기 위해 바르는 것이에요. 흙으로 빚은 도자기에 유약을 바르면 색채가 아름답고 도자기의 표면이 매끈매끈해져서 물에 씻기가 쉽고 오랫동안 보존할 수 있어요.

백자는 철분이 없는 순백토로 만들어요. 만약 백자에 약간의 철분이 들어가면 희고 맑은 색깔이 나오지 않아요. 순백토로 만들어야 백자의 빛이 눈처럼 희고 맑아요. 차가운 느낌이 전혀 없고 은은해서 마치 둥그런 보름달을 보는 것 같답니다.

조선 역사의 기록
조선왕조실록

목숨 걸고 지켜낸 우리의 역사,
조선왕조실록이에요.

"아버님, 피난 갈 준비가 되었사옵니다."

"피난이라니 당치도 않은 소리다!"

"왜적이 바로 코앞까지 쳐들어와 한시가 급합니다."

"내 목숨보다 더 소중한 것이 있다! 조선 역사를 하루도 빠짐없이 기록한 실록을 옮겨야 한다. 그대로 두었다가는 왜놈들이 불태울 것이 뻔하다. 모두들 나를 따라오너라."

이 이야기는 임진왜란 당시 유생이었던 손홍록의 집에서 있었던 일이에요. 손홍록의 호통에 집안사람들은 모두 어리둥절했어요.

"아버님, 이 전란 중에 그 많은 책들을 옮기기란 쉬운 일이 아닙니다."

"알고 있다! 그러니 집안사람 모두 나오라는 것이 아니냐! 만약 실록을 지키지 못한다면 내 여기서 죽을 것이다."

집안사람들을 호통치는 손홍록의 목소리는 서릿발보다 매섭고 당찼어요. 나이 육십이 넘은 손홍록의 곁에는 안의가 단호한 눈빛으로 서 있었어요. 그제야 두 사람의 뜻을 알아차린 집안사람들은 부랴부랴 실록을 보관하던 창고인 전주 사고로 달려갔어요.

"어서 조선왕조실록을 옮겨야 하오! 이대로 있다가는 수백 년간 써 온 나라의 일기가 왜적의 횡포에 남아나지 않을 것이오!"

"지금은 도망가느라 짚신도 신을 겨를이 없소. 이런 난리 통에 이 많은 책을 어떻게 챙긴단 말이오!"

담당 관리들은 손홍록의 말에 황당해 했어요.

이때, 손홍록 곁에 서 있던 안의가 절박한 목소리로 말했어요.

"도와 주시오! 그대들의 임무는 실록을 지키는 것이잖소. 지금 실록을 구하지 못하면 앞으로 이 땅에는 단 하나의 실록도 남아 있지 않을 것이오! 조선의 역사를 우리 손으로 지킵시다."

"그렇소! 우리가 실록을 안전하게 지키는 일은 왜적과 싸우는 것과 똑같은 일이오. 지금 전국 곳곳에서 의병이 일어나 창을 들고 나라를 지키는데, 실록 한 권 지키지 못하고 도망간다면 이보다 부끄러운 일이 어디 있겠소. 또한 실록이 불타 버리면 후세에 무슨 역사를 전해 주겠소? 마지막 부탁이오. 제발 실록을 옮기게 해 주시오."

손홍록과 안의의 진심 어린 말은 관리들의 마음을 움직였어요.

"알겠소! 실록을 옮기도록 하시오. 우리가 문을 열고 책을 꺼내 오겠소."

"고맙소! 어서 서두릅시다!"

손홍록과 안의는 집안사람과 함께 실록을 챙긴 다음 내장산으로 출발했어요. 책을 등에 지고 걷는 사람들의 머리에서는 땀이 비 오듯 흘러내렸어요. 더운 여름날이라 고생이 이만저만 아니었지만 누구 하나 불평하는 사람이 없었답니다. 그들이 지고 나르는 것은 당대의 역사였으니까요.

370일간의 피난 중에도 손홍록과 안의는 돌아가며 실록을 지켰어요. 비가 오나 눈이 오나 밤에 잠도 자지 않고 말이에요.

이렇게 해서 실록은 오늘날 우리에게 전해질 수 있었답니다. 손홍록과 안의, 그리고 안의의 심복인 한춘이 없었다면 우리들은 실록이 무엇인지도 몰랐을 거예요. 이분들은 책이 아니라 조선 역사의 맥을 지켜 낸 것이었어요.

　당시 조선왕조실록은 서울의 춘추관을 비롯하여 충청도의 충주, 경상도 성주, 전라도 전주 등 네 군데에서 보관하고 있었어요. 하지만 임진왜란으로 춘추관과 충주, 성주 세 곳의 실록은 모두 불타 없어지고, 전주 사고에 있던 실록만이 보존되었지요. 임진왜란 후에는 선조가 춘추관, 태백산, 묘향산, 마니산, 오대산에 사고를 다시 지었어요.

태백산 사고지터

조선왕조실록은 조선을 세운 태조부터 철종까지 472년간의 조선 역사를 기록한 책이에요. 이것은 한 왕조의 역사적 기록으로, 세계에서 가장 긴 세월에 걸친 실록이랍니다.

조선왕조실록에는 조선 시대의 정치, 사회, 경제, 문화, 종교 등의 내용이 실려 있어요. 뿐만 아니라 천문, 지리, 자연재해나 아시아의 외교적 관계까지 자세히 적혀 있어요. 그래서 외국의 역사가들도 조선왕조실록을 중요한 연구 자료로 삼을 정도예요.

조선왕조실록의 참다운 가치는 그 사실성에 있어요. 실록을 편찬했던 사관에게는 철저하게 비밀이 보장되었기 때문에 임금이나 관리들의 눈치를 보지 않고 사실대로 역사를 기록할 수 있었지요. 이것을 보여 주는 한 일화가 있어요. 아버지인 태종의 실록이 편찬되자 세종대왕은 그 내용이 보고 싶었어요.

"이제 춘추관에서 태종 실록을 편찬하였으니, 내가 한 번 보려고 하는데 어떻소?"

세종대왕이 우의정인 맹사성에게 물었어요.

"전하께서 태종 실록을 보고 나서 그 내용을 고치기야 하겠습니까? 그러나 전하께서 한 번 보시면 후세의 임금이 이를 본받아 실록을 보고, 그 내용을 고치게 될 것입니다. 그러면 실록을

쓰는 사관도 국왕이 볼 것을 의심하여 사실대로 기록하지 못할것입니다. 그렇게 된다면 어떻게 후세에 진실을 전할 수 있겠습니까?"

맹사성의 목소리는 낮고 조용했지만, 그의

말에는 실록을 보면 안된다는 단호한 뜻이 숨어 있었어요. 세종대왕은 맹사성의 그러한 마음을 알아차렸어요.

"내 생각이 짧았구려. 실록을 자유롭게 쓸 수 있도록 그 비밀을 지켜 주겠소."

조선왕조실록은 손으로 직접 쓴 것이 아니라, 금속 활자나 목판 활자로 된 인쇄물이라는 점에서도 높은 가치가 있어요. 실록이란 임금이 정치한 내용을 날짜별로 자세히 기록한 글인데, 그 내용이 너무 많아 한두 본을 더 쓰는 일이 쉽지 않았거든요. 그래서 세종대왕 때부터 활자 인쇄를 택하게 되었어요. 이후 실록 편찬 사업이 끝나면 최종 원고 네 부를 인쇄하여 서울의 춘추관과 불의의 사고에 대비하기 위해 전국의 깊은 산중에 있던 사고에 보관했어요. 임진왜란과 병자호란을 겪으면서 지금 우리에게 전해진 조선왕조실록은 강화도 정족산본, 태백산본, 오대산본, 기타 산엽본을 포함해서 총 2,077책이에요.

조선왕조실록은 모두 국보 제151호로 지정되었지요. 1997년 10월에 유네스코 세계 기록 유산으로도 등록되었어요. 조선왕조실록은 단지 조선의 역사 기록물이 아니라, 온 세계가 함께 보존하고 후세에 전해 주어야 할 소중한 문화유산인 것이에요.

삼국 시대 역사를 기록한 책이 있나요?

백두 낭자·한라 도령의 **문화재 상식 키우기**

현재 우리에게 전해지고 있는 역사책 중에서 가장 오래된 것은 무엇일까요? 그것은 바로 삼국사기와 삼국유사예요. 삼국사기는 고려 인종의 명령을 받은 김부식의 주도 아래 열한 명의 사람들이 모여 썼어요.

"사대부가 역사를 알지 못하니 슬픈 일이로구나! 중국의 역사서는 우리나라를 너무도 간략하게 적어 놓고, 옛날 일들을 적은 '고기'의 내용은 너무나도 빈약하다."

우리만의 풍부하고 상세한 역사책이 없음을 한탄한 김부식은 신라, 고구려, 백제의 역사를 밝히기 위해 많은 자료를 모았어요. 그래서 삼국사기를 보면, 정치와 외교, 전쟁, 천재지변 등의 내용과 성을 쌓고 관리들을 임명하고 왕이 제사지냈던 일 등 삼국 시대의 생활 모습이 자세히 적혀 있답니다.

삼국의 역사와 생활 모습을 담고 있는 삼국유사예요.

태백산 천제단의 모습이에요. 단군을 모시고 제를 올리기 위해 만든 제단이에요.

여러분들은 우리나라의 건국 신화인 단군신화를 잘 알고 있죠? 단군신화는 바로 삼국유사에 쓰여진 역사로, 우리에게 뿌리 깊은 자존심을 심어 주었답니다. 삼국유사는 고려 충렬왕 때 스님인 일연이 썼는데, 젊었을 때부터 자료를 모아 그의 나이 70대 후반부터 삼국유사를 쓰기 시작했어요. 일연은 삼국유사에 이렇게 쓰고 있어요.

"다만 기록해 놓을 따름이다. 옳고 그름은 후에 똑똑한 선비들이 해결해 주시리라."

이 책은 한민족의 유래를 비롯해 우리 조상들의 종교, 민속, 신화, 전설, 지명, 시와 노래, 사상에 대해 폭넓게 적고 있어서 삼국유사를 가리켜 '민족의 성서'라고 말하는 사람도 있지요.

선비의 지조
완당 세한도

조선 후기 서예가로 추사체를
완성한 김정희의 초상화예요.

"참 이상도 하지, 우물까지 말랐어."

"마님, 어디 그뿐인가요? 나무들도 시들시들하니 그 푸른빛을 잃고, 잡초마저 말라 가고 있는 형편인걸요."

집 안의 뜰을 거닐던 여인의 마음은 편치 않았어요.

"머지않아 뱃속의 아기가 태어날 텐데, 산과 들이 흉흉하니 기분이 좋지 않구나."

며칠 후, 여인은 튼튼한 사내아이를 낳았어요. 그런데 이게 어찌된 일일까요? 아기의 탄생을 축하하려는지 나무와 풀들이 초

85

록빛을 반짝이며 다시 싱싱해졌어요. 그리고 마을의 우물에서는 맑은 물이 솟기 시작했어요.
"애야, 너를 맞이하느라 온 산천이 목이 빠지게 기다렸나 보구나!"

갓 태어난 아기를 안은 어머니가 웃으면서 말했어요.

시간이 흘러 아기가 태어난지 두 해가 지났어요. 아기는 방 안을 엉금엉금 기어 다니다 똑바로 앉았어요. 그리고 뭔가 열심히 손짓을 했어요.

"여보, 이 애가 무슨 손짓을 하고 있는 걸까요?"

"하하, 보면 모르오? 아이는 지금 글씨 쓰는 흉내를 내는 거라오. 참 신기한 녀석이구려."

세 살 때부터 글씨 쓰는 흉내를 냈던 이 아이가 바로 추사 김정희예요. 김정희는 독특하고 아름다운 글씨와 그림으로 조선을 빛낸 사람이에요. 중국의 옹방강이라는 사람은 김정희를 완당이라고 불렀어요. 완당은 조선 제일의 문장이라는 뜻이에요. 김정희는 이처럼 글씨를 잘 쓰는 것뿐만 아니라, 글을 아름답게 짓는 것에도 뛰어난 재주를 가졌답니다.

김정희는 실사구시의 학문도 공부했어요. 실사구시란 어렵고 쓸모없는 학문보다는 백성들에게 실제로 쓸모가 있는 학문을 연구하는 것을 말해요. 김정희는 백성을 생각하며 더욱 학문에 매달렸어요.

"이보게, 자네가 장원 급제했어!"

"장원 급제를 하다니, 대단하군!"

1819년, 김정희는 벼슬길에 올랐어요. 그리고 자신의 몸을 돌보지 않고, 백성을 생각하며 나랏일을 했지요. 하지만 김정희의 벼슬길은 순탄하지 않았어요. 그당시 조정은 서로 파벌을 이루어 싸움을 일삼는 관리들로 어지러웠거든요. 파벌이란, 뜻이 맞는 사람들끼리 모여 자신들의 이익만을 위해 일하는 것을 말한답니다.

그 와중에 김정희는 모함을 받아 여러 번 귀양살이를 했어요. 제주도에서 8년간 귀양살이를 한 적도 있지요. 당시의 귀양살이란 지금의 죄수와 같은 생활이에요. 마음대로 돌아다닐 수도 없고, 사람들을 만날 수도 없었어요. 귀양살이를 하는 동안은 힘들고 외로운 생활이 계속 되었어요.

김정희는 이처럼 힘들고 외로운 생활을 두 제자 때문에 견딜 수 있었어요. 그 제자 중 하나가 허유로, 그는 죽음을 무릅쓰고 두 번이나 김정희를 찾아왔답니다.

"스승님, 제가 왔어요. 스승님이 이런 곳에 갇혀 계시니 맘 편할 날이 없습니다."

"이렇게 파도가 치는 데도 이 먼 제주도까지 찾아와 주었구나. 부디 몸조심하여라. 세상의 거친 파도가 너를 집어삼킬까 봐 걱정되는구나!"

김정희가 아끼는 또 다른 제자는 이상적이에요. 그 당시는 지금처럼 교통이 발달하지 않았어요. 또한 무역도 지금처럼 자유롭지 않았고요. 이상적은 제주도에서 적적하게 지낼 스승 김정희를 생각할 때마다 마음이 아팠어요.

"스승님을 기쁘게 해드릴 방법이 없을까?"

이상적은 글을 좋아하는 김정희를 기쁘게 하는 데에는 책만한 선물이 없다는 것을 알았어요. 그리고 그때부터 주변에서 좋은 책을 구하면 제주도로 보냈어요. 나중에는 중국 상인이나 직접 중국에 가서 스승을 위한 책을 구했어요. 이상적은 항상 제주도에 있는 스승 김정희를 생각하면 지냈어요.

"허허, 상적이가 또 귀한 책을 보내 왔구나. 이 사실이 들통 나면 제 목숨이 위태로울 텐데."

김정희는 깊은 고마움을 느껴 그 답례로 이상적에게 그림을 그려 주었어요. 이때, 그린 그림이 '세한도'랍니다.

추사의 '세한도'를 보면, 쓰러져 가는 오두막 한 채와 소나무와 잣나무가 두 그루씩 그려져 있어요. 그리고 나머지는 흰 바탕을 그대로 둔 여백뿐이죠. 세한도의 여백을 보고 있으면, 그림 속의 쓸쓸하고 차가운 겨울바람을 느낄 수 있어요. 이 차가운 바람에서 험한 세상과 오랜 세월 동안 홀로 지낸 김정희의 깊은 외로움이 느껴진답니다.

그러나 세한도의 참 멋은 다른 데에 있어요. 외롭고 황량한 분위기 속에서도 꼿꼿하게 서 있는 나무의 기상이에요. 그림 오른

쪽에 그려진 두 소나무는 마치 쓰러져 가는 집을 받쳐 주는 것 같아요. 이 나무가 바로 제자 이상적을 나타내는 것이에요. 제자의 인품을 겨울에도 잎이 시들지 않는 소나무에 빗대어 표현한 것이지요.

스승을 위해 위험을 무릅쓰고 책을 전해 주는 그 마음은 선비의 곧은 의리와 지조라 볼 수 있어요.

집 왼쪽에 수직으로 뻗어 오르는 싱싱한 잣나무를 보세요. 그것은 고통과 외로움을 이겨 내는 추사 김정희의 의지를 빗대어 표현한 것 아닐까요?

이 그림의 오른쪽 아래 구석에는 네 글자를 새긴 붉은 도장이 찍혀 있답니다.

'장무상망(長毋相忘)'

이 말은 '오랫동안 서로 잊지 말자'라는 뜻이에요. 위대한 스승을 존경하는 제자와 그 제자를 사랑하는 스승의 뜨거운 마음이 담겨 있어요. 세한도는 1974년 12월에 국보 제180호로 지정되었답니다.

백두 낭자·한라 도령의 문화재 상식 키우기

흥선대원군의 그림은 왜 유명한가요?

'압록강 동쪽에 이만한 작품이 없다!'

추사 김정희가 이하응의 난초 그림을 보고 이런 말을 할 정도로 이하응의 난초는 칼날 같은 기운이 살아있어요. 이하응은 고종의 아버지로, 우리에게는 흥선대원군이라는 이름으로 알려져 있어요. 흥선대원군은 어려서 부모를 여의고 불우한 청년기를 보냈어요. 그러다 둘째 아들이 임금이 되자 고종을 대신해 나랏일을 돌보았지요.

흥선대원군은 부패한 관리를 내쫓고 바른 인재들을 모아 과감한 개혁 정책을 추진했어요. 그리고 당시 외세의 침략에서 우리나라를 지키기 위해 피나는 노력을 했어요.

외세로부터 우리나라를 지키기 위해 노력했던 흥선대원군이에요.

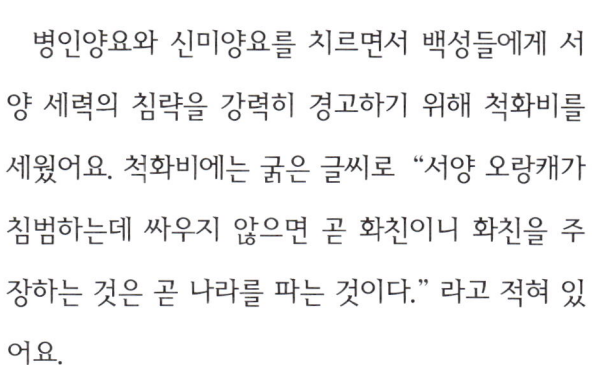

척화비

병인양요와 신미양요를 치르면서 백성들에게 서양 세력의 침략을 강력히 경고하기 위해 척화비를 세웠어요. 척화비에는 굵은 글씨로 "서양 오랑캐가 침범하는데 싸우지 않으면 곧 화친이니 화친을 주장하는 것은 곧 나라를 파는 것이다." 라고 적혀 있어요.

아래 그림은 흥선대원군이 68세에 그린 '석란화'예요. 마치 벼랑에 핀 듯 바위 틈새에 피어난 난초를 보세요. 난초 줄기는 칼날처럼 예리하면서도 힘이 넘쳐 보여요. 흥선대원군이 그린 난초는 줄기가 가늘지만 절대 힘없이 처지거나 늘어진 모습이 아니랍니다. 이런 난초의 모습은 자신의 뜻을 굽힘없이 펼쳤던 칼날처럼 카랑카랑한 그의 성격을 보여 주는 듯해요.

이 석란화는 흥선대원군이 12폭 병풍에 그린 그림이에요.

우리나라에서 가장 오래된 석탑
미륵사지 석탑

한쪽 면이 무너져 시멘트로 발라 놓은
안타까운 모습의 미륵사지 석탑이에요.

서라벌 하늘 가득히 '서동요'를 부르는 아이들의 노랫소리가 울렸어요.

아름다운 선화 공주 남몰래 서동이와 정을 통하고
밤에 몰래 나와 서동을 만나러 간다네.

아이들은 킥킥거리며 짓궂은 목소리로 목청껏 노래를 불렀답니다. 이 노래를 들은 어른들은 얼굴을 붉히며 아이들을 혼냈어요.

"애들아, 함부로 그런 노래를 부르다가는 궁궐에 끌려가 혼날지도 몰라."

어른들은 아이들을 말렸지만, 이 노래는 이미 신라 전체에 퍼져 진평왕의 귀에까지 들어가게 되었어요.

"선화야, 네가 밤마다 서동을 만난다는 게 사실이냐?"

"아버님, 저는 서동이 누군지도 모릅니다."

선화 공주는 구슬 같은 눈물을 뚝뚝 흘리며 말했지만 왕의 노여움은 쉽게 풀리지 않았답니다.

"너는 몸가짐을 단정히 하여 신라 여자들의 모

범이 되어야 할 공주가 아니더냐! 그런데 어찌하여 이런 망측한 노래가 신라 전체에 떠돈단 말이냐! 지금 당장 짐을 꾸려서 이 궁궐을 떠나거라."

이 노래 때문에 선화 공주는 궁궐에서 쫓겨났어요.

정처 없이 길을 걷던 선화 공주는 날이 어두워지자, 큰 나무 밑에 앉아 두려움에 떨고 있었어요.

그때, 갑자기 나무 뒤편에서 한 청년이 나타났어요. 공주는 깜짝 놀라 벌떡 일어섰어요.

"놀라지 마십시오, 공주님. 저는 서동이라 하옵니다."

"아니! 그럼 당신이 그 노래에 나오는 서동이란 말인가요?"

서동은 무릎을 꿇고 용서를 빌며 말했어요.

"공주님, 사실은 제가 이 노래를 만들어 신라에 퍼뜨렸습니다. 저는 백제 사람인데, 공주님의 아름다움에 반해 공주님과 결혼하고 싶어서 이런 꾀를 내었습니다."

선화 공주는 서동의 침착한 모습과 진실된 마음을 알아채고는 서동에게 마음을 열었고, 두 사람은 결혼을 했어요.

가난하지만 행복하게 살아가던 어느 날, 공주는 자신의 보따리

에서 금덩이를 꺼내며 말했어요.

"이 금덩이는 궁궐에서 나올 때 어머님께서 주신 것이에요. 이 정도면 한달치 식량을 살 수 있어요."

"공주님, 이게 귀한 물건인가요? 이것은 제가 마를 캐는 곳에 얼마든지 널려 있어요."

이 말을 들은 공주가 놀라 서동과 함께 그곳에 가보니, 바닥에 금이 널려 있었어요. 두 사람은 금을 모아 진평왕에게 보냈어요. 금을 받은 진평왕은 공주와 행복하게 사는 그를 사위로 인정했어요. 이런 서동의 이야기는 널리 펴져 백제인의 인심을 얻었고, 서동은 훗날 백제의 왕이 되었어요. 그가 제30대 왕인 무왕이에요.

어느 날, 무왕과 선화 공주는 불공을 드리러 길을 떠났어요. 산길을 돌아 큰 연못에 이르렀을 때, 갑자기 연못에서 부처님 세 분이 나타났어요.

"조용히 가마를 멈추어라."

왕과 왕비는 가마에서 내려 세 분의 부처님께 손을 모아 합장을 드렸어요. 얼마의 시간이 흐른 뒤 왕과 왕비가 고개를 들었을 때, 부처님들은 이미 사라지고 없었어요.

"미륵부처님께서 세 분이나 나타나시다니. 이것은 절대 우연이

아닙니다. 여기에 절을 짓게 해 주세요."

왕비의 부탁에 왕은 소원을 들어 주기로 했어요. 부처님이 나타났던 큰 연못을 흙으로 메우고 그 위에 절을 지었지요. 그 절이 바로 미륵사예요. 이 신비한 이야기는 삼국유사에 실려 있답니다.

미륵사는 고려 때까지는 크게 번창했지만, 그 이후 점점 폐허가 되어 지금은 미륵산의 나지막한 능선에 절의 흔적만 남아 있어요. 1980년 발굴이 시작됐을 때 이 절터에 1,400여 년의 세월을 견디지 못해 거의 쓰러진 석탑과 절터만이 있었어요.

미륵사의 찬란했던 시절을 짐작케 하는 것이 바로 미륵사지석탑이에요. 언뜻 보기에 낡고 볼품없어 보이는 미륵사지 석탑이 그토록 유명한 까닭은 무엇일까요? 그것은 미륵사지 석탑이 우리나라에서 가장 크고 오래된 석탑인데다가 백제에서 석탑이 탄생하는 과정을 잘 보여 주고 있기 때문이에요.

백제 초기엔 나무를 깎아 만든 목탑이 크게 유행했는데, 백제인들의 목탑 만드는 기술은 정말 뛰어났어요. 신라에서 황룡사 9층 탑을 세울 때, 백제의 기술자를 데려다 만들었을 정도니까요. 그 정교한 백제의 목탑 기술을 나무가 아닌 돌로 표현한 것이 바로 미륵사지 석탑이에요. 미륵사지 석탑은 목탑의 형식을 본떠 만들었기 때문에 목탑의 아름다움이 잘 드러나 있어요. 그래서 미륵사지 석탑은 우리나라의 다른 석탑과 달리 탑이라기보다는 마치 예술품처럼 느껴져요.

수호 석인상

미륵사지 석탑 주위의 세 귀퉁이에는 작은 돌이 하나씩 서 있어요. 수백 년간 비바람에 닳아져서 제 모습을 알아볼 수 없지만, 이 돌은 사람의 모습을 하고서 탑을 지키는 수호 석인상이에요.

미륵사지 석탑은 곧 무너질지도 모르는 위험에 처해 있어요. 그래서 2000년 7월부터 해체 복원 작업에 들어갔답니다. 이 복원 작업은 수십 년이 걸릴지도 모른대요. 그만큼 신중하고 조심스럽게 해야 하는 일이지요. 절이 없어진 그 자리에 1,400년 동안 홀로 버티어 온 미륵사지 석탑의 마음을 헤아리다 보면 우리들의 마음도 아주 먼 데서부터 아파지는 것 같아요.

백두 낭자·한라 도령의 문화재 상식 키우기

우리나라에는 어떤 탑이 많나요?

우리나라는 주변의 침입이 많아서 많은 목탑들이 불에 타 없어졌어요. 경주의 황룡사 9층 탑을 비롯해 많은 목탑이 전쟁 중에 대부분 불에 타 버렸기 때문에 대부분 석탑이 남아 있지요. 조상들은 잦은 전쟁을 겪고나서 오래 보존될 수 있는 석탑을 만들기 시작했어요. 어딜 가나 산이 많아 질 좋은 화강암을 쉽게 구할 수 있었거든요.

이렇듯 단단한 석탑도 사람처럼 나이를 먹고 늙는답니다. 미륵사지 석탑은 우리나라에서 가장 오래된 석탑이라서 많이 무너지고 닳았어요. 또한 군데군데 갈라지고 흔들려서 지금은 해체 복

고려의 경천사 10층석탑, 통일신라의 다보탑, 조선의 낙산사7층석탑이에요.

원 작업을 하고 있어요. 탑의 건강하고 아름다운 본래의 모습을 찾아 주기 위해서지요.

　원래 석탑은 야외에 서서 자연과 호흡하고 사람들의 숨결을 느껴야 오래 보존될 수 있다고 해요. 그런데 원각사지 10층 석탑은 지금 유리 보호막 안에 갇혀 있답니다.

　서울 종로 탑골 공원에 있는 원각사지 10층 석탑은 국보 제2호로 조선 초기에 세워진 탑이에요. 이 석탑은 높이가 12미터로 크고, 탑에는 부처와 보살, 천인, 구름, 용, 사자, 모란, 연꽃, 새 등이 섬세하게 새겨져 있어요. 조선 시대 석탑으로는 유례를 찾아볼 수 없는 우수한 조각 솜씨를 자랑하고 있어요.

　그런데 서울시가 2000년 초 원각사지 탑에 유리 보호막을 세웠답니다. 산성비와 비둘기의 배설물, 그리고 공해와 바람 등으로 탑의 피해가 심각했기 때문이에요. 이 역시 탑의 아름다움을 그대로 보존하기 위한 후손들의 노력이지요.

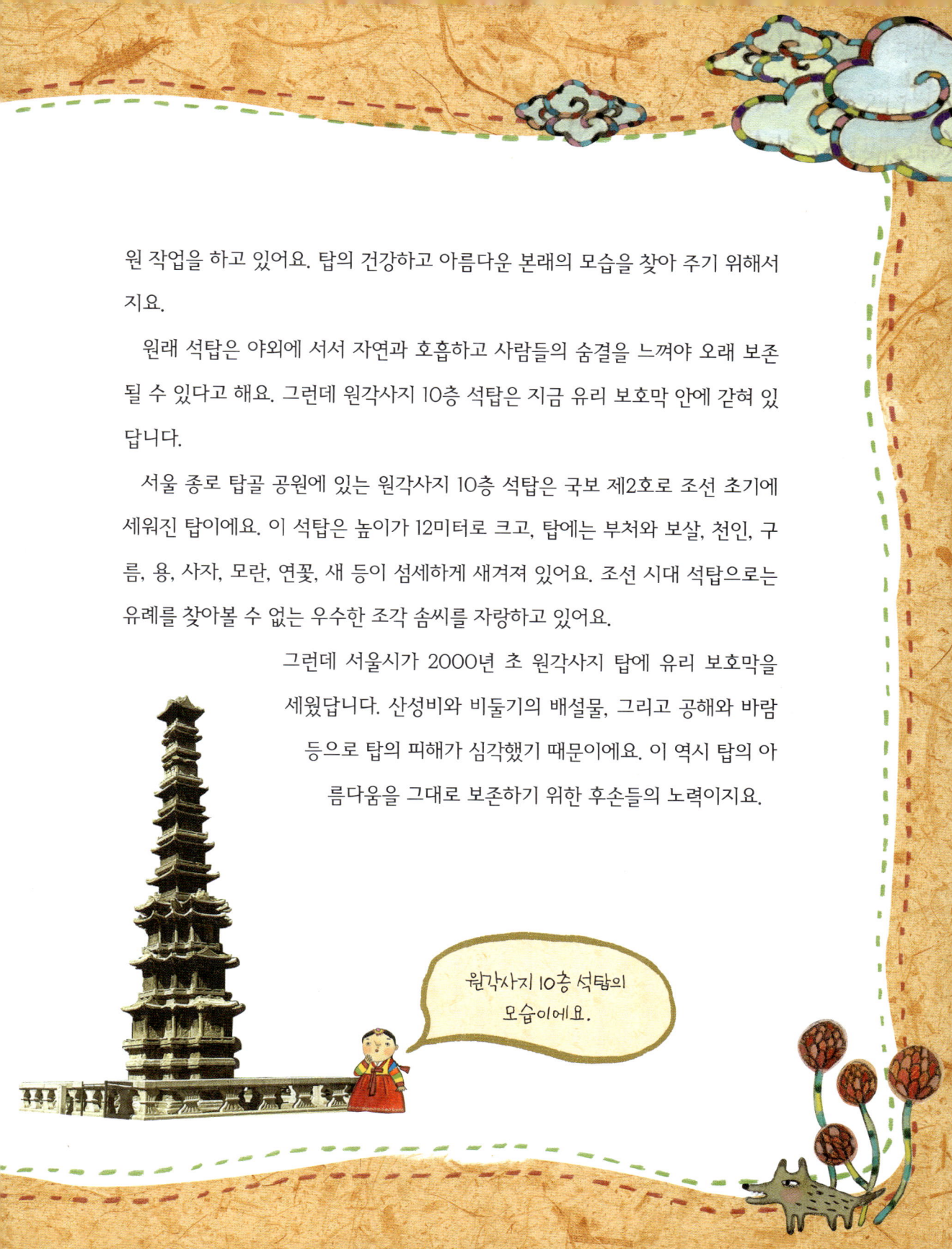

원각사지 10층 석탑의 모습이에요.

아름답고 우아한 목조 건축물
무량수전

의상대사가 창건한 부석사 무량수전은
아름다운 목조 건축물이에요.

'아, 저기 드넓은 대륙이 보이는구나!'

뱃머리에 선 의상은 설레기 시작했어요. 의상은 서라벌에서 태어난 신라 스님으로, 화엄학을 배우러 중국으로 왔어요. 긴 여행 끝에 중국에 도착한 의상은 몸져눕고 말았어요.

불심이 깊은 여관집 주인과 그의 딸은 지극 정성으로 의상을 보살펴 주었어요. 특히, 딸인 선묘 아가씨는 의상의 손과 발이 되어 그가 병석에서 일어나는 데 많은 도움을 주었답니다. 선묘

아가씨는 의상의 늠름한 모습과 진실한 마음에 반해 그를 짝사랑하고 있었어요. 하지만 의상은 몸을 추스린 후, 화엄학을 공부하러 떠났답니다.

　화엄학을 배우기 위해 지엄 스님을 찾아간 의상은 잠시도 쉬지 않고 공부했어요. 의상은 지엄 스님의 제자들 중에서 실력이 가장 뛰어났어요. 그는 불교 경전 중에서도 가장 어렵다는 화엄경의 뜻을 정확히 밝혀내고 그 내용대로 실천했어요. 그렇게 10년이 흘렀어요.

"의상아, 너는 이미 화엄의 깊은 도를 깨달았구나. 이제는 신라로 돌아가 부처님의 마음을 널리 알리거라."

의상은 신라로 돌아가는 길에 예전에 은혜를 입었던 여관집에 들렸어요. 지극한 정성으로 자신을 간호해 준 선묘 아가씨에게 감사의 인사를 하고 싶었거든요. 그런데 때마침 선묘 아가씨는 불공을 드리러 나가고 없었답니다. 의상은 아쉬운 발길을 돌려 배에 몸을 실었어요. 뒤늦게 이 사실을 안 선묘 아가씨는 급

히 바닷가로 달려갔지만, 의상이 탄 배는 이미 멀어진 뒤였어요.
"부처님, 부디 저 배가 무사하도록 지켜 주세요. 그리고 제 몸이 용이 되어 저 배가 평안히 신라에 닿도록 도와주세요."
기도를 마친 선묘 아가씨는 자신의 몸을 바다에 던졌어요. 부

처님도 선묘 아가씨의 간절함을 알았는지, 그녀를 거대한 용이 되어 배에 닿게 했어요. 용은 물속에 잠겨 의상이 탄 배를 받쳐 주었고 의상은 무사히 신라에 도착했어요.

 신라로 돌아온 의상은 조국 산천을 돌아다니며 화엄종을 널리 알렸어요. 문무왕도 의상에게 불경을 배울 정도였어요.

 "화합을 중요하게 여기는 화엄종은 우리 신라에 꼭 필요한 가르침이구려. 사람들이 화엄종을 배운다면 신라와 백제, 고구려

는 서로 마음의 문을 열고 하나로 화합할 수 있을 거요. 대사는 우리 신라에 크고 아름다운 절을 지어 화엄종의 뜻을 널리 알리도록 하시오."

 문무왕의 명을 받은 의상은 절을 지을 좋은 터를 찾아다녔어요. 그러다 발견한 곳이 태백산맥 기슭 봉황산 중턱이었어요. 하지만 그곳에는 이미 500명의 도둑이 살고 있었어요. 도둑은 매일같이 의상을 쫓아내려고 갖은 협박을 했어요. 도둑들이 불평을 하던 어느 날, 어마어마하게 큰 돌이 하늘로 둥실 떠오르더니 그 돌에서 소리가 들렸어요.

 "듣거라! 이곳은 화엄종을 널리 알리는 절터이니라! 너희 무리들은 훼방 놓지 말고 썩 물러가거라!"

 허공에 붕 뜬 돌에서 여인의 목소리가 울리자, 도둑들은 두려워 하며 멀리 도망쳤어요. 의상은 선묘 아가씨의 음성을 알아듣고는 고개를 숙였어요.

 "아아, 이번에도 낭자가 나를 돕는구려."

 이렇게 해서 세워진 절이 바로 부석사예요. '부석'이란 바로 '허공에 뜬 돌'을 뜻해요. 의상은 선묘 아가씨의 넋을 기리기 위해 부석사에 선묘각이라는 사당을 지었답니다.

부석사 건물 중에서 가장 아름답고 빼어난 건물은 바로 국보 제18호로 지정된 무량수전이에요. 무량수전은 고려 때 지은 건물로, 우리 선조들이 남긴 가장 아름다운 건물로 꼽힌답니다.

무량수전은 건물의 선이 아름답고 우아한 분위기가 돋보이는 목조 건축물이에요. 사뿐히 고개를 든 지붕 추녀의 곡선, 그 추녀와 기둥의 조화, 간결한 기둥머리의 나무 장식 등이 빼어난 아름다움을 자랑하지요.

그런데 무량수전이 가진 아름다움의 진정한 비밀은 착시로 인해 사물이 실제와 달리 보이는 현상을 막아 낸 기발함에 있어요. 그 기발함은 바로 기둥의 배흘림과 안허리곡이랍니다.

무량수전의 배흘림이 느껴지나요?

배흘림이란 기둥의 중간 부분을 약간 튀어나오게 함으로써 기둥의 머리 부분이 넓어 보이는 착시 현상을 막는 것이죠.

안허리곡은 처마 끝에서 나타나는데 처마 끝이 마치 새가 날개를 펴듯이 살짝 치켜 올라가 있어요. 마치 무량수전이 날개를 펴고 날아갈 것만 같지요. 안허리곡은 처마 끝을 더 튀어나오도록 처리한 것을 말해요. 보통 건물의 양쪽 끝 귀퉁이 부분이 가운데 부분보다 약간 밑으로 처져 있는데, 우리가 눈으로 볼 때에는 실제보다 더 밑으로 처져 보이기 때문에 양쪽 처마를 좀 더 높이 올린 것이지요. 이것이 바로 건물이 처져 보일 것을 미리 예상해서 살짝 올려놓은 고려인의 지혜와 미적 감각이에요. 이런 세세한 부분까지 신경을 쓴 고려인들의 정성이 참 대단해요.

백두 낭자·한라 도령의 문화재 상식 키우기

우리나라에서 가장 오래된 목조 건물이 뭐예요?

고려 때의 일이에요. 어릴 적부터 불교에 몸을 담은 능인은 바위 굴에 머물며 도를 닦았어요. 십 년 동안 바위 굴에서는 그의 불경 외는 소리가 그칠 날이 없었답니다.

그러던 어느 날, 홀연히 나타난 아름다운 여인이 그를 유혹했어요.

능인은 잠시 마음이 흔들렸지만 곧 정신을 차리고 여인을 꾸짖었답니다.

"나는 어떠한 편안함과 세속적인 기쁨도 원하지 않소! 그러니 물러가시오."

"저는 당신의 깊은 불심을 보았습니다. 제가 하늘의 등불을 보내 드리오니, 그 불빛으로 더 깊은 도를 닦으십시오."

봉정사 극락전.
지금까지 남아 있는 건물 중 가장 오래된 목조 건물이에요.

여인이 하늘로 올라가며 보내 준 등은 어두운 굴 안을 환하게 비추었어요. 그 밝은 빛 덕분에 능인은 더욱 열심히 도를 닦아 큰스님이 되었답니다. 능인대사가 도를 닦던 산의 원래 이름은 대망산이었는데, 능인대사가 하늘의 등불을 받아 도를 깨우쳤다 하여 천등산이라 부르게 되었답니다.

경상북도 천등산에는 봉정사라는 절이 있어요. 봉정사에는 우리나라에서 가장 오래된 목조 건축물이 있는데, 그것이 바로 봉정사 극락전입니다. 국보 제15호 극락전은 고려 시대의 건물이지만 통일신라 시대의 건축 양식을 하고 있어요. 봉정사 극락전은 단층 주심포 양식으로 지어진 건물이에요.

그럼, 주심포 양식이란 무엇일까요? 주심포 양식이란 전통 목조 건축 양식으로 대들보 사이가 커서 건물 내부에 기둥이 없는 넓은 공간을 만드는데 쓰는 기법이에요. 또한 극락전의 지붕은 옆면에서 볼 때 사람 인(人)자 모양을 한 맞배지붕으로 꾸몄답니다.

극락전의 맞배지붕

절묘하고 무궁무진한 표정
하회탈

보기만 해도 웃음이 절로 나오는 하회탈이에요.

"어머, 저기 재주 많은 허도령님이 지나간다."

"하잘것없는 나무토막도 그의 손만 닿으면 귀여운 조각 인형이 된다면서?"

하회 마을 사람들은 모두 허도령을 좋아했어요. 그는 손재주가 뛰어난데다 얼굴도 잘생겼거든요. 그리고 불쌍한 이웃을 보면 발 벗고 나서서 도와 줄 만큼 마음씨도 고왔고요. 그런데 언제부터인가 마을에 무시무시한 돌림병이 퍼지더니 마을 사람들이 하나 둘씩 쓰러지기 시작했어요.

"우리 마을에 재앙이 내린 것이 분명해!"

"사람들이 죽어 나가고, 흉년이 계속되는구나."

어느 날, 허도령은 꿈속에서 수염이 하얀 이상한 노인을 만났어요.

"어서 오너라. 너를 기다리고 있었다."

노인은 놀란 허도령을 내려다보며 천천히 말했어요.

"나는 하회 마을을 지키는 서낭신이다. 지금 큰 재앙이 몰려들어 마을을 삼키려 하는구나. 그러니 너는 탈을 만들어 그것으로 굿을 벌여라! 그러면 하늘의 노여움도 풀릴 것이다."

"예, 명심하겠습니다."

"다만, 네가 탈을 만드는 것을 아무도 모르게 해야 한다. 탈이 완성될 때까지는 아무도 네가 탈 만드는 모습을 보아서는 안 된다. 만일 누군가 엿보거나 알게 되면 너는 그 자리에서 피를 토하고 죽을 것이다. 알겠느냐!"

허도령은 노인의 벼락 치는 듯한 소리에 놀라 잠에서 깨어났어요. 자신의 꿈이 꼭 사실처럼 여겨졌어요. 허도령은 꿈에서 깨자마자 자신의 집 앞에 금줄을 치고, 맑은 물로 목욕을 한 뒤 방으로 들어갔어요. 이때부터 허도령은 잠자는 것과 먹는 것도 잊은 채 온 정성을 기울여 탈을 조각하기 시작했어요.

한편, 마을 사람들은 허도령이 보이지 않자 무슨 일인지 궁금해 했어요.

"혹시 도령님이 혼자서 시름시름 앓고 있는 건 아닐까?"

"금줄을 쳤으니 들어갈 수도 없고, 참 답답하네그려."

이 마을에는 누구보다도 허도령을 깊이 흠모하는 한 여인이 있었어요. 여인은 걱정스러운 마음에 남의 눈을 피해 허도령의 집을 찾아갔어요. 여인은 금줄 앞에서 잠시 망설이다가 살금살금 걸어서 불빛이 새어나오는 방문 앞까지 다가갔어요. 그리고 문에 바른 창호지에 슬며시 구멍을 뚫고 몰래 엿보았어요.

방 안에서는 허도령이 탈을 깎는 일에 몰두하고 있었어요. 한창 일에 열중하던 허도령이 인기척을 느끼고 방문 쪽으로 고개를 돌렸어요. 그 순간, 허도령은 붉은 피를 토하며 쓰러졌어요. 이때, 허도령은 모든 탈을 다 만들고 마지막으로 이매탈의 턱 부분을 만들고 있었어요. 하지만 자신을 엿본 여인 때문에 탈을 완성하지 못한 채 죽었지요. 그래서 하회탈 중에서 이매탈만 턱이 없다고 해요.

이런 전설이 깃들어 있는 하회탈은 700년 넘게 하회 마을에서 전해져 내려왔어요. 하회탈은 현재 국보 제121호로 지정되었으며, 세계적인 걸작품으로 평가받고 있답니다. 지금까지 전해지는 하회탈로는 양반탈, 선비탈, 중탈, 초랭이탈, 할미탈, 백정탈, 이매탈, 각시탈, 부네탈의 아홉 종류와 두 개의 주지탈이 있어요. 별채탈, 총각탈, 떡달이탈은 분실되어 전해지지 않고요.

하회탈은 한국인의 생김새와 표정을 잘 보여 주고 있어요. 탈의 종류에 따라 그 생김과 신분에 어울리는 표정을 하고 있죠. 찡그린 표정, 호탕하게 웃는 표정, 입을 벌리지 않고 은근하게 웃는 표정 등 하회탈은 보는 것만으로도 재미있어요.

그리고 보는 각도에 따라서도 표정이 달라진다고 해요. 탈을 쓴 사람이 고개를 숙이면 어두운 표정이 되고, 뒤로 젖히면 금세 밝은 표정이 되지요. 양반탈, 중탈, 선비탈, 이매탈, 백정탈은 턱을 자유롭게 움직일 수 있기 때문에 표정의 변화가 무궁무진하답니다.

그럼 하회탈은 무엇으로 만들까요? 하회탈은 오리나무를 깎아 만든답니다. 가면 뒤쪽에는 탈을 덮어 쓰기 편하도록 검은 천을 대었고요. 자, 그럼 하회탈을 쓰고 벌이는 하회 별신굿 탈놀이를 한 번 볼까요?

"샌님요, 나온 김에 서로 인사나 하소."

초랭이가 양반에게 졸싹대며 말한다. 양반은 선비 앞으로 다가서며 거만하게 인사를 건넨다.

"우리 서로 통성명이나 합시다."

"예, 그러시더."

이 때, 초랭이가 고개 숙인 양반 머리 앞에 자신의 엉덩이를 들이밀고 선비에게 대신 절을 한다. 양반이 화가 나서 "예끼! 이놈아!" 하자, 선비는 양반을 보고 혀를 차며 말한다.

"그래도 주제에 양반이라고……. 쯧쯧. 그래 놓고 이마에 대쪽을 쓰고 우에 댕기노."

"내가 양반이 아니면 뭐꼬? 나보다 더한 양반이 있나?"

가운데 선 초랭이는 양반과 선비를 번갈아 보며 한마디 한다.

"지도 인사, 나도 인사, 인사하기는 마찬가진데 뭔 상관있나?"

이 장면은 양반과 선비가 나오는 장면이에요. 양반과 선비가 서로 거드름을 피우며 뽐내다가 결국에는 망신을 당하는 내용이에요.

여기서도 볼 수 있듯이 옛날 사람들은 탈놀이를 통해서 세상을 풍자하고 자신들의 불만을 맘껏 표현할 수 있었어요. 하지만 억울하고 속상한 감정들을 그대로 드러내지 않고 재미있는 이야기로 표현함으로써 다 함께 웃고 떠들며 즐길 수 있어요.

하회 별신굿 탈놀이는 안동 하회 마을에서 12세기 중엽부터 평민들이 즐기던 탈놀이예요. 이 놀이는 현재 중요 무형 문화재 제69호로 지정되어 있답니다.

백두 낭자·한라 도령의 문화재 상식 키우기

우리나라에는 어떤 탈이 있나요?

　'탈'이란 우리말에는 여러 가지 뜻이 있답니다. 가면의 뜻 말고 뜻밖에 일어난 나쁜 일이나 몸에 난 병을 일컫기도 해요. 탈이라는 말은 대체로 좋은 뜻으로 쓰이지 않아요. 눈가림이나 거짓, 사람 얼굴의 낯짝, 꼬락서니, 액, 헐뜯음, 성깔 등의 말과 관련이 있지요. 이런 뜻으로 볼 때 탈춤은 잘못된 세상살이를 비꼬고 욕하기 위해 거짓으로 꾸며 춤추고 노는 것이라 할 수 있어요. 우리나라에서 발달한 탈춤은 액땜, 살풀이의 역할도 하지만 현실을 날카롭게 꼬집는 연극이기도 했어요.

　탈은 크게 세 가지로 구분할 수 있답니다. 특정 장소에 모셔 놓고 고사를 지내거나 악귀를 쫓기 위해 사용하는 신앙탈이 있고, 연극이나 무용에 사용하는 예능탈

봉산탈춤

양주별산대놀이

이 있어요. 그리고 처용탈처럼 귀신을 쫓거나 신 나는 춤을 추는 데에 모두 쓰이는 것도 있답니다. 예능탈도 그 쓰임에 따라 여러 종류가 있어요. 연극할 때 쓰는 연극 가면, 무용할 때 쓰는 무용 가면, 그리고 민속놀이용 가면이 있어요. 안동 하회탈은 토속적인 민속놀이 가면이에요.

 하회탈 이외에도 아름다움을 자랑하는 민속놀이 탈이 많은데, 그 중에서 가장 유명한 것이 병산탈이에요. 병산탈은 하회탈과 함께 국보 제121호로 지정되었답니다. 병산탈은 피나무를 깎아 만든 것으로, 하회 마을의 이웃 마을인 병산 마을에서 전래되어 왔어요. 병산탈에는 양반탈과 선비탈 두 점의 탈이 있는데, 모두 턱이 없다는 것이 특징이에요. 그럼 왜 병산탈에는 턱이 없을까요? 그 이유는 탈꾼이 더욱 자유롭게 이야기를 하기 위해서예요. 탈에 턱이 없으면 탈꾼이 말하기가 더 쉬울 테니까요.

북청사자놀음

강령탈춤

교과가 튼튼해지는
우리 것 우리 얘기

부록

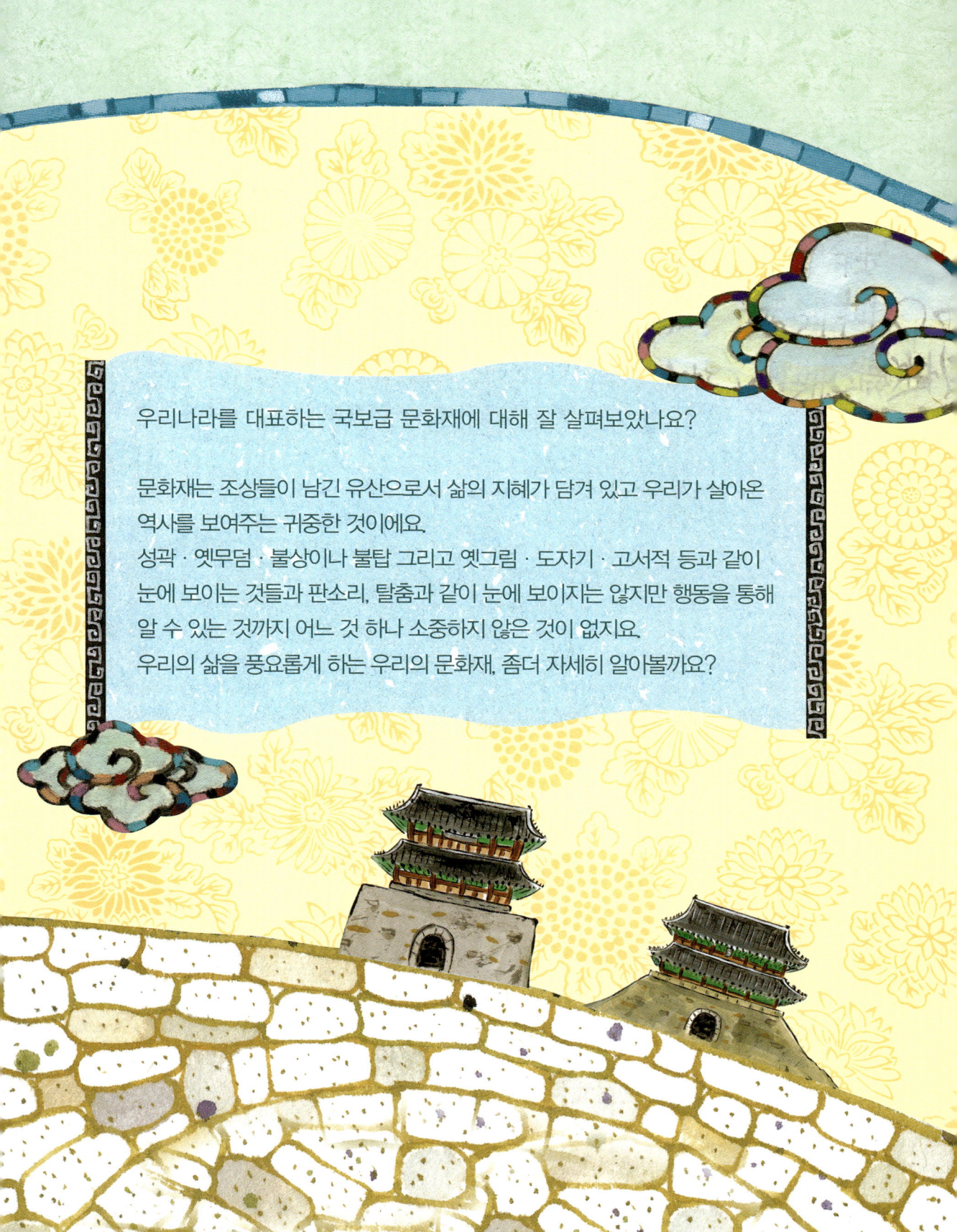

우리나라를 대표하는 국보급 문화재에 대해 잘 살펴보았나요?

문화재는 조상들이 남긴 유산으로서 삶의 지혜가 담겨 있고 우리가 살아온 역사를 보여주는 귀중한 것이에요.
성곽·옛무덤·불상이나 불탑 그리고 옛그림·도자기·고서적 등과 같이 눈에 보이는 것들과 판소리, 탈춤과 같이 눈에 보이지는 않지만 행동을 통해 알 수 있는 것까지 어느 것 하나 소중하지 않은 것이 없지요.
우리의 삶을 풍요롭게 하는 우리의 문화재, 좀더 자세히 알아볼까요?

두루두루 방방곡곡 문화재 탐방

문화재의 종류를 국보, 보물, 사적, 명승, 천연기념물, 중요 무형 문화재, 중요 민속자료의 일곱 개로 구분하는 것을 알고 있나요? 그 중 국보와 보물은 가치가 크고 전하는 것이 많지 않아 우리에게 조상들에 대해 제대로 알 수 있도록 도와주는 것이랍니다. 시간이 된다면 각 국보를 찾아가 조상들의 삶과 역사를 찾아 보세요.

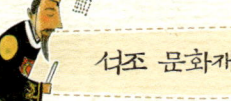

석조 문화재

법주사 쌍사자 석등 (국보 제5호)

법주사 대웅전과 팔상전 사이에 있는 통일신라 시대 석등이에요. 바닥돌 위에 올려진 사자 두 마리가 서로 가슴을 맞대고 서 있는 특이한 모습을 지닌 석등이에요.

| 위치 – 충청북도 보은군 속리산면 사내리 209 법주사 |

경주석빙고 (보물 제66호)

석빙고는 얼음을 넣어두던 창고로 조선 시대에는 여러 곳에 있었어요. 경주석빙고는 계단을 통하여 밑으로 내려가게 되어 있고, 경사가 지어져 있어 배수가 쉽게 되어있답니다.

| 위치 – 경상북도 경주시 인왕동 449-1 |

목조 문화재

해인사 장경판전 (국보 제52호)

고려 시대에 만들어진 8만여 장의 대장경판을 보관하고 있는 건물로, 해인사에 남아있는 건물 중 가장 오래되었어요. 15세기 건축물로서 1995년 12월 세계 문화유산으로 등록되었지요.

| 위치-경상남도 합천군 가야면 치인리 10 해인사 |

밀양 영남루 (보물 제147호)

누란 건물의 사방을 트고 마루를 높여 지은 집으로 휴식 공간을 말해요. 영남루는 밀양강 절벽의 아름다운 경관과 조선 후반의 화려하고 뛰어난 건축미가 조화를 이루고 있는 누각이에요.

| 위치-경상남도 밀양시 내일동 40 |

도산서원 전교당 (보물 제210호)

전교당은 유생들의 자기수양과 교육을 하는 강당이에요. 다른 서원의 전교당보다 매우 간소하게 지은 건물로 현판 글씨는 한석봉이 썼어요.

| 위치-경상북도 안동시 도산면 토계리 680 |

풍남문 (보물 제308호)

조선 시대 전주 읍성의 남쪽문이에요. 1층 안쪽에 있는 기둥을 2층까지 올려 사용했는데, 이같은 방법은 다른 곳에서는 보기 드문 방식이기 때문에 읍성의 건축 연구에 중요한 자료랍니다.

| 위치-전라북도 전주시 완산구 전동 2가 83-4 |

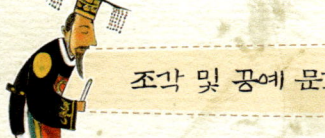

조각 및 공예 문화재

금관총 금관 (국보 제87호)

금관총에서 발견된 신라의 금관이에요. 금관의 기본 형태나 금을 세공하는 기술로 볼 때 신라인의 예술 감각을 짐작해 볼 수 있는 걸작이에요.

| 위치-경상북도 경주시 인왕동 76 국립경주박물관 |

무령왕 금제 관식 (국보 제154호)

무령왕릉에서 출토된 백제 시대의 금으로 만든 왕관 장식이에요. 왕의 관 안쪽 머리 부근에서 발견되었는데, 마치 불꽃이 타오르는 듯한 모양을 보여준답니다.

| 위치-충청남도 공주시 웅진동 360 국립공주박물관 |

청자칠보투각향로 (국보 제95호)

고려 시대의 상감청자 향로예요. 다른 고려청자와는 다르게 섬세한 장식을 많이 넣었어요. 전체적으로 조화와 균형이 잘 잡혀 안정감이 있는 뛰어난 향로예요.

| 위치-서울 용산구 용산동 6가 국립중앙박물관 |

송광사 경패 (보물 제175호)

불경을 넣은 나무 상자에 내용을 표기하는 경패예요. 송광사 경패는 덩굴, 학, 보살, 장막, 격자 무늬 등을 세밀하게 조각해 고려인의 조각 기법을 알 수 있어요.

| 위치-전라남도 순천시 송광면 신평리 12 송광사 |

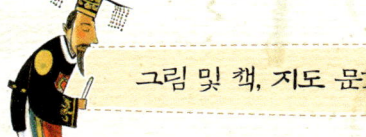

그림 및 책, 지도 문화재

천마도장니 (국보 제207호)

말의 안장 양쪽에 달아 늘어뜨리는 장니에 그려진 말그림으로 천마총에서 발견되었어요. 고구려 무용총 고분 벽화와 같은 양식으로 신라가 고구려의 영향을 받았음을 알 수 있는 그림이에요.

| 위치-서울시 용산구 용산동 6가 국립중앙박물관 |

인왕제색도 (국보 제216호)

조선 후기 화가인 정선이 비온 뒤 인왕산의 모습을 그린 그림이에요. 중국의 산수화를 모방해 그리지 않고, 직접 경치를 보고 그린 우리나라 산수화의 걸작이에요.

| 위치-서울시 용산구 한남동 747-18 리움미술관 |

승정원일기 (국보 제303호)

왕의 명령을 담당하던 승정원에서 처리한 여러 가지 일과 사건을 매일 기록한 것이에요. 국가의 중대사에서부터 의례까지 조선 시대 정치에 대해 알 수 있는 귀중한 자료랍니다.

| 위치-서울 관악구 신림동 산 56-1 서울대학교 규장각 |

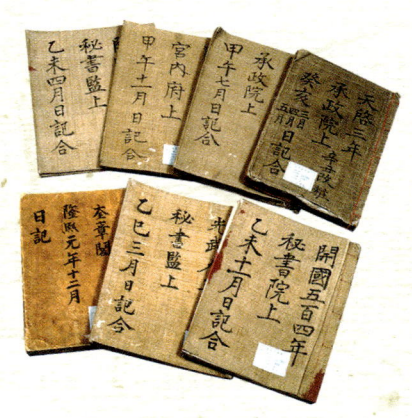

조선 방역지도 (국보 제248호)

조선 시대 우리나라 지도로 각 군과 현마다 색을 다르게 하여 알아보기 쉽고, 산과 강의 경계도 자세하고 정확하게 표시했어요. 만든 이와 제작 시기가 확실하고, 국가에서 제작한 지도로는 유일하게 현존하는 원본 지도로 매우 가치있지요.

| 위치-경기도 과천시 중앙동 2-6 국사편찬위원회 |

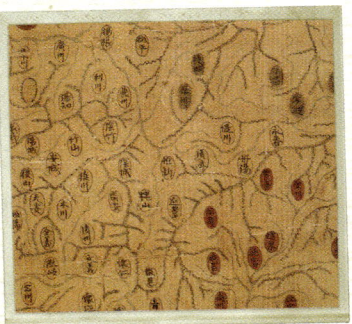

〈오십 빛깔 우리 것 우리 얘기〉 시리즈
권별 교과 연계표

국 국어　**사** 사회　**과** 과학　**도** 도덕　**음** 음악　**미** 미술
체 체육　**실** 실과　**바** 바른 생활　**슬** 슬기로운 생활　**즐** 즐거운 생활

- 신 나는 열두 달 명절 이야기　　**국** 3-2　**사** 3-1　**사** 3-2　**사** 4-1
- 관혼상제 재미있는 옛날 풍습　　**국** 1-2　**사** 4-1　**사** 3-2　**사** 5-2
- 조상들은 어떤 도구를 썼을까　　**국** 2-2　**사** 3-1　**사** 5-1　**사** 5-2
- 옛날엔 이런 직업이 있었대요　　**국** 5-1　**국** 6-2　**사** 3-1　**사** 4-2
- 꼭 가 보고 싶은 역사 유적지　　**국** 4-1　**국** 4-2　**사** 6-1　**사** 6-2
- 신토불이 우리 음식　　**국** 3-1　**사** 3-1　**사** 5-1　**사** 6-2
- 어깨동무 즐거운 우리 놀이　　**국** 4-1　**사** 5-2　**체** 4　**즐** 2-2
- 나라를 다스린 법 백성을 위한 제도　　**사** 3-2　**사** 4-1　**사** 6-1　**사** 6-2
- 하늘을 감동시킨 효자 이야기　　**도** 3-1　**도** 5　**바** 1-1　**바** 2-2
- 오천 년 지혜 담긴 건물 이야기　　**국** 4-1　**국** 4-2　**사** 5-1　**사** 5-2
- 세계가 놀란 발명 이야기　　**국** 3-1　**국** 5-2　**사** 3-1　**사** 5-2
- 빛나는 보물 우리 사찰　　**국** 4-1　**사** 6-2　**바** 2-2
- 나라의 자랑 국보 이야기　　**국** 4-1　**국** 5-2　**사** 5-1　**바** 2-2
- 나라를 지킨 호랑이 장군들　　**국** 4-2　**국** 6-1　**사** 6-1　**바** 2-2
- 오천 년 우리 도읍지　　**국** 4-1　**사** 5-2　**사** 6-1
- 하늘이 내린 시조 임금님들　　**사** 5-1　**바** 2-2
- 옛날 관청과 공공시설　　**사** 3-1　**사** 3-2　**사** 6-1　**사** 6-2
- 옛사람들의 우정 이야기　　**국** 4-1　**국** 6-2　**도** 3-1　**바** 1-1
- 얼쑤 흥겨운 가락 신 나는 춤　　**국** 6-1　**국** 6-2　**사** 3-1　**음** 3
- 아름다운 독도와 우리 섬　　**국** 2-1　**국** 4-1　**사** 5-2　**사** 4-1
- 오천 년 우리 강 이야기　　**사** 3-2　**사** 5-1

- 생명의 보물 창고 우리 생태지 　국 2-1　국 4-2　사 6-1　과 5-2
- 우리가 지켜야 할 천연기념물 　국 2-1　과 3-2　과 4-1　과 5-2
- 놀라운 발견 생활의 지혜 　국 2-1　국 2-2　사 3-1　사 5-1
- 옛사람들의 교통과 통신 　사 3-2　사 4-1　사 5-2　사 6-1
- 민족의 영웅 독립운동가 　국 6-2　사 6-1　바 2-2
- 교과서 속 우리 고전 　국 3-1　국 4-2　국 5-1　국 6-2
- 우리 국토 수놓은 식물 이야기 　국 1-1　국 5-1　과 4-2　바 1-2
- 우리 조상들의 신앙생활 　국 5-2　사 3-2　사 5-2　사 6-1
- 안녕 꾸러기 친구 도깨비야 　국 2-2　국 3-1　국 4-1　사 3-2
- 빛나는 솜씨 뛰어난 재주꾼들 　국 4-2　사 6-1　음 4　미 3, 4
- 아름다운 궁궐 이야기 　국 4-1　사 6-1　미 5　바 2-2
- 전설 따라 팔도 명산 　국 2-1　국 2-2　사 5-1　음 6
- 방방곡곡 우리 특산물 　사 3-1　사 4-1　사 5-2
- 수수께끼를 간직한 자연과 문화 　국 4-1　사 5-2　바 2-2
- 알쏭달쏭 열두 띠 이야기 　국 3-1　사 3-2　사 5-2　사 6-1
- 천하제일 자린고비 이야기 　국 6-2　사 4-2　도 5　실 5
- 본받아야 할 우리 예절 　국 3-2　도 4-1　도 5　바 2-1
- 이야기가 술술 우리 신화 　국 1-2　국 6-2　사 3-2　사 5-2
- 머리에 쏙쏙 선조들의 공부법 　국 4-1　국 4-2　국 6-2　도 3-1
- 역사를 빛낸 여자의 힘 　사 6-1　바 2-2
- 신명 나는 우리 축제 　사 3-1　사 4-1
- 우리가 알아야 할 북한 문화재 　국 4-2　사 5-1　바 2-2
- 조상들의 지혜 전통 의학 　사 5-1　국 6-2　과 5-2
- 큰 부자들의 경제 이야기 　사 3-2　사 4-2　사 5-2　슬 2-2
- 멋스러운 옛시조 흥겨운 우리 노래 　국 3-1　국 4-1　국 5-1　국 6-1
- 봄 여름 가을 겨울 24절기 　사 5-1　사 6-1　과 6-2　슬 6-2
- 멋스러운 우리 옛 그림 　국 4-2　사 6-1　미 3, 4　미 5
- 나누는 즐거움 우리 공동체 　국 1-2　사 3-1　사 5-2　체 4
- 정다운 우리나라 동물 이야기 　국 2-1　국 3-1　국 4-1　과 3-2

오십 빛깔 우리 것 우리 얘기 13
나라의 자랑 국보이야기

초판 1쇄 발행 | 2011년 2월 8일
초판 17쇄 발행 | 2022년 8월 1일

글쓴이 | 우리누리
그린이 | 김영희

대표이사 겸 발행인 | 박장희
제작 총괄 | 이정아

디자인 | 디자인 뭉클

발행처 | 중앙일보에스(주)
주소 | (04513) 서울시 중구 서소문로 100(서소문동)
등록 | 2008년 1월 25일 제2014-000178호
문의 | jbooks@joongang.co.kr
홈페이지 | jbooks.joins.com
네이버 포스트 | post.naver.com/joongangbooks
인스타그램 | @j_books

ⓒ 우리누리 2011

ISBN 978-89-278-0113-9 14800
      978-89-278-0092-7 14800(세트)

- 이 책은 저작권법에 따라 보호받는 저작물이므로 무단 전재와 무단 복제를 금하며 책 내용의 전부 또는 일부를 이용하려면 반드시 저작권자와 중앙일보에스(주)의 서면 동의를 받아야 합니다.
- 책값은 뒤표지에 있습니다.
- 잘못된 책은 구입처에서 바꿔 드립니다.

주니어중앙은 중앙일보에스(주)의 어린이 책 브랜드입니다.